Para Alana, Lydia y Sam

Traducción: Nohra Bernal

ISBN: 978-0-8254-1962-1

Printed and bound in China
Impreso y encuadernado en China

MI BIBLIA FAVORITA

por Marion Thomas, ilustrada por Honor Ayres

El Antiguo Testamento

El Nuevo Testamento

EL ANTIGUO TESTAMENTO

En el principio

Génesis 1:1-8

En el principio, no había nada, nada en absoluto. Todo estaba oscuro. Entonces Dios dijo: "¡Que haya luz!". Y de repente hubo luz en todos los lugares oscuros, y Dios vio que era bueno. Y llamó a la luz "día" y a las tinieblas "noche". Luego Dios separó el cielo arriba y las aguas abajo. También eso fue bueno.

Dios hace las plantas y los árboles

Génesis 1:9-13

Dios juntó las aguas para que hubiera tierra y mar, playas y olas que salpican. A Dios le gustó lo que vio, pero además lo llenó de plantas y árboles, frutos y flores, y le gustó incluso más.

Dios hace el sol, la luna y las estrellas

Génesis 1:14-19

Dios hizo el sol caliente para iluminar durante el día y la luna plateada para brillar en la noche. Esparció las estrellas en el cielo de la noche para centellear en la oscuridad. Y Dios vio que esto era bueno.

Dios hace los peces y las criaturas del mar

Génesis 1:20-23

Dios llenó los mares salados de criaturas grandes y pequeñas. Algunas tenían aletas y colas para nadar, mientras que otras tocaban o andaban por el fondo del mar. Algunas flotaban y otras saltaban en el aire por fuera del agua.

Dios hace los pájaros y las mariposas

Génesis 1:20-23

Dios llenó los cielos con toda clase de criaturas con alas y plumas. Muchas tenían bellos colores y llenaban el cielo de sonidos. Otras eran suaves, delicadas y silenciosas. Dios vio que todo lo que había hecho era bueno.

Díos hace todos los animales

Génesis 1:24-25

Díos llenó su mundo de toda clase de animales para vivir en la tierra. Había elefantes y jirafas, tigres y camaleones, cocodrilos e hipopótamos. Ahora el mundo de Díos estaba lleno de sonidos de toda clase, criaturas coloridas y el olor de las flores perfumadas y los árboles. Díos estaba muy complacido con todo lo que había hecho.

Dios hace a las personas

Génesis 1:26-31

Luego Dios hizo un hombre y una mujer, personas que cuidaran de todo lo que Él había hecho. Las personas eran diferentes. Dios podía hablar con ellos y ellos podían hablar con Él. Podían pensar y sentir, compartir y ser felices. Podían amar como Dios amaba todo lo que había hecho. Dios vio que era muy, muy bueno.

Dios descansa

Génesis 2:1-3

Dios había hecho los cielos y la tierra y los había llenado de todas las criaturas vivientes, grandes y pequeñas, suaves y peludas, duras y espinosas. Había hecho los árboles y las plantas para que dieran fruto y cubrieran la tierra. Todo era bueno. Todo era hermoso. Así que Dios se detuvo allí y descansó del trabajo de la creación.

El huerto del Edén

Génesis 2:8-17

Las primeras personas que Dios creó eran sus amigos. Adán y Eva vivían en el huerto del Edén. Dios les dio todo lo que necesitaban. Un río con agua cristalina y refrescante atravesaba el huerto. Los árboles estaban llenos de todo buen fruto para comer. Pero Dios les advirtió: "No coman del árbol en medio del huerto".

La serpiente engañosa

Génesis 3:1-13

Un día, una serpiente susurró a Eva: "¿Les dijo Dios que no comieran de ese árbol?". Eva miró el fruto maduro y jugoso. Tomó uno y lo probó. Era sabroso. Luego le dio un poco a Adán. Pero tan pronto comieron el fruto, Adán y Eva se dieron cuenta de que habían desobedecido la orden de Dios. Estaban tan avergonzados que se escondieron.

Todo se echa a perder

Génesis 3:14-24

Dios sabía lo que Adán y Eva habían hecho. Él había confiado en las personas que había creado, pero ellos habían preferido desobedecerle. Ahora Adán y Eva eran infelices. Dios también. Dios les mandó salir del hermoso huerto. Nada volvería a ser igual.

Los hijos de Adán y Eva

Génesis 4:1-5

Adán y Eva tuvieron dos hijos. Caín sembraba plantas para comer. Abel cuidaba ovejas y cabras. "Dios ha sido bueno con nosotros —dijo Abel, mirando a sus corderos—. Llevémosle regalos". Abel ofreció a Dios su mejor cordero. Caín ofreció un poco de su grano. Dios vio que Abel tenía un buen corazón. Dios vio que Caín no.

Caín y Abel

Génesis 4:6-9

Caín estaba celoso de su hermano. Él se enojó. "Ten cuidado —le dijo Dios—. No dejes que tu mal humor te controle". Pero Caín no escuchó a Dios. Invitó a Abel a caminar con él por el campo, y luego Caín lo mató. Dios le preguntó a Caín: "¿Dónde está tu hermano?". "No lo sé —mintió Caín—. ¿Soy acaso su guardián?".

Caín mata a su hermano

Génesis 4:10-15

"¿Qué has hecho? —dijo Dios—. Tu hermano clama a mí desde la tierra donde lo mataste. Debes irte de aquí. Siempre te sentirás culpable por lo que has hecho. Nunca tendrás paz". Caín tenía miedo y rogó a Dios: "Por favor, no me castigues así". "No dejaré que nadie te haga daño —dijo Dios—. Te cuidaré".

El plan de Dios

Génesis 6:5-17

Dios había hecho un mundo perfecto. Pero las personas a las que hizo no siempre eran amables las unas con las otras. En poco tiempo todos engañaban, ofendían, peleaban y robaban. Solo quedaba un hombre bueno. Se llamaba Noé. Dios dijo a Noé que pronto vendría un diluvio que destruiría todo lo que había sobre la tierra.

Noé construye un arca

Génesis 6:18-22

Noé tenía una esposa y tres hijos adultos. Sus hijos tenían esposas. Noé era un hombre muy viejo cuando Dios le habló acerca del arca. Pero Noé confiaba en Dios. Empezó a cortar árboles para tener madera para construir el barco. Hizo todo lo que Dios le mandó, hasta que terminó el arca. Se tardó muchísimo tiempo.

De dos en dos

Génesis 7:1-9

Dios mandó a Noé buscar parejas de criaturas, grandes y pequeñas, para guardarlas a salvo de las inundaciones y tener suficientes para volver a poblar el mundo de Dios otra vez. Los animales llegaron donde Noé y abordaron el arca por la puerta lateral, de dos en dos. Luego entró la familia de Noé.

El diluvio

Génesis 7:10-12, 17-24

Dios cerró la puerta del arca. Y luego empezó a llover. De forma lenta, pero constante, caían pequeñas y grandes gotas de lluvia fresca, hora tras hora, día tras día. La lluvia golpeaba en el techo, borboteaba en los ríos y empapaba la tierra. En poco tiempo las aguas cubrieron el suelo. Después cubrieron las copas de los árboles. Pero el arca flotaba por encima de todo.

El cuervo y la paloma

Génesis 8:6-11

Después de cuarenta días y cuarenta noches, hubo silencio. No se oyeron gotas en el techo. Noé esperó con paciencia mientras el viento soplaba afuera. Luego liberó un cuervo, pero el ave no regresó. Noé esperó un poco más y luego soltó una paloma. Cuando la paloma regresó, ¡Noé vio que llevaba una rama fresca de olivo!

La salida del arca

Génesis 8:15-19

Ahora Noé sabía que los árboles volvían a crecer. El arca encalló en el monte Ararat, mientras las aguas del diluvio descendían, poco a poco. Cuando la tierra volvió a quedar seca, Dios mandó a Noé abrir la puerta. Todos los pájaros y los animales salieron del arca a buscar nuevas casas en el nuevo mundo que Dios les había dado. Eran libres.

El arco iris

Génesis 8:20-22; 9:12-17

Entonces Noé hizo un altar y dio gracias a Dios por cuidarlo a él, junto con su familia y todos los animales. Un hermoso arco iris apareció en el cielo. "Nunca más volveré a destruir la tierra con un diluvio —dijo Dios—. Cada vez que vean un arco iris, recuerden que esta es mi promesa".

Dios habla a Abraham

Génesis 12:1-4

Los años pasaron y una vez más la tierra se llenó de personas. Dios habló a Abraham: "Yo te he escogido, Abraham. Convertiré tu familia en una gran nación y te bendeciré. Sal de tu casa en este lugar y yo te mostraré a dónde ir".

Un hogar en Canaán

Génesis 12:5

Abraham ya era un anciano. Tenía una esposa y un sobrino, siervos, ovejas, cabras y camellos. No sabía a dónde iban, y no sabía cuánto tiempo tardarían en llegar allí, pero Abraham confió en Dios. Empacó sus tiendas y empezó una travesía por el desierto caliente y polvoriento.

Dios bendice a Abraham

Génesis 12:7

Cuando Abraham llegó a Canaán, vio que era una tierra verde por el agua. Era un buen lugar para instalar su casa. "Yo te bendeciré —le dijo Dios—. Esta tierra será de tus hijos y de toda tu familia. Tú tendrás tantos descendientes como las estrellas que hay en el cielo".

Tres visitantes especiales

Génesis 18:1-10

Abraham sabía que Dios cumplía sus promesas. Pero se preguntaba cómo podría tener tantos descendientes cuando él y Sara, su esposa, todavía no tenían hijos propios. Entonces, en un día caluroso, llegaron tres hombres a visitar a Abraham. Pronto se dio cuenta de que venían con un mensaje de parte de Dios mismo. Abraham recibió a los visitantes.

El bebé Isaac

Génesis 21:1-6

Los visitantes le dijeron a Abraham que Sara tendría en sus brazos a su bebé cuando ellos volvieran de visita en un año. Sara se rió al oír la noticia. Ella pensaba que ya era demasiado tarde. Pero Dios cumplió su promesa. Abraham y Sara tuvieron en poco tiempo a un niño llamado Isaac, que significa "risa".

Un día triste para Abraham

Génesis 22:1-6

Isaac se convirtió en un niño fuerte. Le daba muchas alegrías a sus padres. Luego, un día, Abraham oyó que Dios le hablaba otra vez. ¿Qué le pedía Dios? Seguramente Dios no podía hablar en serio... Pero Abraham amaba a Dios, y confiaba en Él. Abraham e Isaac subieron el monte para ofrecerle un regalo muy especial.

El regalo especial

Génesis 22:7-12

"¿Dónde está el cordero para el sacrificio, padre?" —le preguntó Isaac. Abraham sabía que Isaac confiaba en él tal como él confiaba en Dios. Así que cuando Abraham tomó el cuchillo para ofrecer su precioso hijo a Dios… Isaac no tenía miedo. Entonces el ángel gritó: "¡Detente!". Ahora Dios sabía que Abraham le amaba y confiaba en Él.

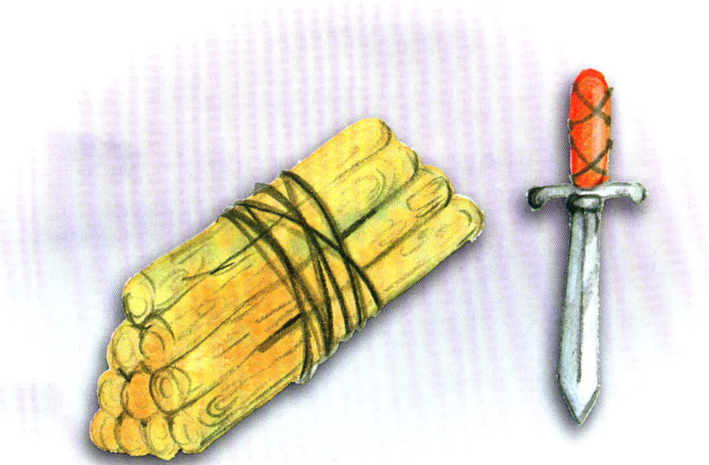

La bendición de Dios

Génesis 22:13-18

Abraham abrazó con fuerza a su hijo. Entonces vio cerca un carnero atrapado en un arbusto. "Yo sé que me amas, Abraham, y ahora sé que confías en mí porque me obedeciste aun cuando era realmente difícil. Te bendeciré ahora y siempre".

Una esposa especial para Isaac

Génesis 24:1-14

Cuando Isaac era mayor, Abraham envió a su siervo para buscar una joven especial que pudiera ser la esposa de Isaac, una mujer buena, amable y que amara a Dios. "Sabré si se trata de la joven correcta —oró el siervo—, si ella me ofrece agua y luego le da también a mis diez camellos".

La respuesta a una oración

Génesis 24:15-27

Cuando Rebeca vino al pozo a sacar agua, al siervo le pareció que era muy hermosa. Pero ¿era amable y buena? "Permítame traerle un poco de agua —dijo ella al siervo de Abraham—, y también para sus camellos sedientos. Parece que ha tenido un viaje muy largo". El siervo sonrió. Dios había contestado su oración.

Dos niños

Génesis 25:24-26

Isaac se casó con Rebeca y, después de un tiempo, Dios los bendijo no con uno, sino con dos niños. ¡Eran mellizos! Esaú nació primero. Era fuerte y tenía mucho vello. Luego nació Jacob, agarrado al talón de Esaú. Daban mucho trabajo a Isaac y a Rebeca.

Esaú y Jacob

Génesis 25:27-29

Esaú creció y aprendió a cazar. Isaac amaba a su hijo y estaba orgulloso de él. A Jacob le gustaba cocinar y pasaba más tiempo con su madre. Esaú llegaba a veces a casa después de un día de cacería y olía la deliciosa comida en una olla.

La promesa tonta de Esaú

Génesis 25:29-34

Un día Jacob preparó un delicioso estofado de lentejas. Esaú podía olerlo mucho antes de llegar a la tienda, y dijo: "Haré lo que sea por un poco de ese guiso. ¡Me muero de hambre!". "Está bien —respondió Jacob—. Puedes comer, si me dejas tomar tu lugar y recibir la bendición de nuestro padre cuando llegue el momento". Así vendió Esaú su derecho de primogénito por una taza de guiso.

La bendición de un padre

Génesis 27:1-4

Isaac se volvió anciano y ciego. Pronto se dio cuenta de que se acercaba su hora de morir. "Esaú —dijo a su hijo mayor—, toma tu arco y tu flecha, y tráeme algo delicioso para comer. Luego te bendeciré antes de morir". Entonces Esaú dejó a su padre y salió a cazar.

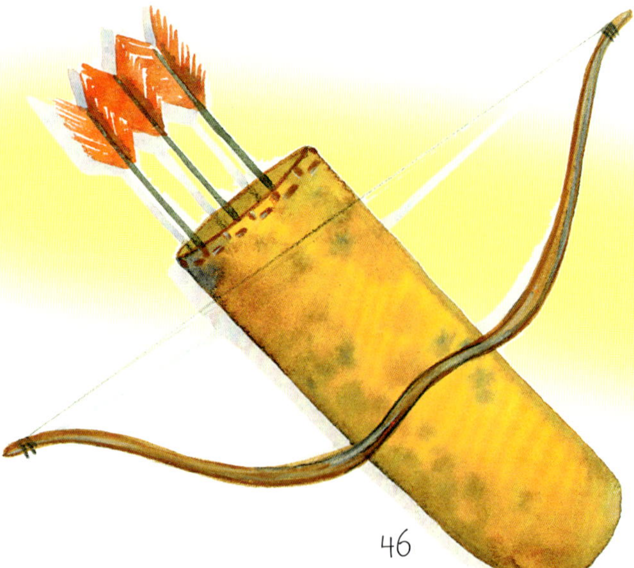

El deseo de una madre

Génesis 27:5-17

Rebeca sabía que Esaú había salido de cacería. Empezó a preparar una comida para Isaac y llamó a Jacob. "¡Rápido! Ponte la ropa de Esaú" —le dijo a su hijo menor. Luego, para que Jacob aparentara ser su hermano peludo y oloroso, cubrió sus brazos y su cuello con pieles de cabra.

Jacob engaña a su padre

Génesis 27:18-29

Isaac se sorprendió cuando Jacob le trajo la comida caliente. "¿Supongo que tuviste suerte cazando hoy?" —le preguntó a su hijo. Jacob olía como Esaú. La piel de Jacob se sentía como la de Esaú. Entonces seguramente era Esaú. Isaac le dijo: "Que Dios te bendiga y te guarde. Que prosperes y gobiernes por encima de tu hermano".

Jacob tiene que irse lejos

Génesis 27:30-46

Cuando Esaú regresó, le pidió a Isaac que le bendijera. Pero ya era demasiado tarde. Isaac se sintió muy triste. Esaú estaba muy enojado. ¡Rebeca estaba muy preocupada! Isaac y Rebeca decidieron que era mejor que Jacob se fuera a vivir con el hermano de ella, Labán. De modo que Jacob dejó a su familia y viajó al lugar donde vivía Labán con sus dos hijas.

La escalera de Jacob

Génesis 28:10-22

Esa noche, Jacob dormía bajo las estrellas con una piedra como almohada y tuvo un sueño. En su sueño vio ángeles que subían y bajaban por una escalera que llegaba al cielo. Dios habló a Jacob desde el cielo, para prometerle que Él le bendeciría y le cuidaría igual que a su padre y su abuelo.

Jacob se enamora

Génesis 29:1-19

Cuando Jacob se acercaba a la casa de su tío, vio a una hermosa joven llamada Raquel, que cuidaba sus ovejas. Jacob quería investigar todo acerca de ella. Pronto descubrió que se trataba de Raquel, la hija de su tío Labán. Jacob prometió a su tío que trabajaría para él durante siete años si podía casarse con Raquel.

El engaño de Labán

Génesis 29:20-25

Día tras día Jacob trabajó para Labán. Le pareció poco tiempo porque sabía que al final podría casarse con la hermosa Raquel. Pero después de la boda, cuando Jacob levantó el velo de su esposa, descubrió que Labán lo había casado con Lea, ¡la hermana mayor de Raquel! Jacob estaba muy enojado. La pobre Lea estaba muy triste.

¡Todos felices!

Génesis 29:26-28

Laban dijo a Jacob que era la costumbre que la hermana mayor se casara primero. Pero ofreció dejar a Jacob casarse también con Raquel, siempre y cuando Jacob trabajara otros siete años cuidando sus ovejas y cabras. En esa época, muchos hombres tenían más de una esposa, de modo que Jacob aceptó. Se casó con Raquel y ahora tenía dos esposas.

¡Muchas esposas e hijos!

Génesis 29:31—30:24

Dios vio que Jacob amaba más a Raquel, así que bendijo a Lea con muchos hijos. Pasó mucho tiempo antes de que Raquel tuviera dos hijos. Jacob tenía una familia grande compuesta por una hija llamada Dina y doce hijos: Rubén, Simeón, Leví, Judá, Dan, Neftalí, Gad, Aser, Isacar, Zabulón, José y Benjamín.

Hora de volver a casa

Génesis 30:25-36

Jacob había estado con Labán mucho tiempo. Quería volver a casa. Pero Labán sabía que mientras Jacob estuviera con él, Dios le bendeciría. "No te vayas todavía —dijo el astuto tío Labán—. Espera hasta que tengas un rebaño grande de ovejas y cabras manchadas o moteadas". Entonces Labán escondió los animales manchados para que Jacob no pudiera sacar crías de ellos.

Jacob engaña a su tío

Génesis 30:37-43

Labán pensó que era muy inteligente. Pero Dios bendijo tanto a Jacob que era aún más ingenioso. Descubrió una manera de sacar crías de las ovejas y las cabras para que en poco tiempo hubiera por todas partes animales blancos y negros. Después Jacob reunió a sus esposas, a sus hijos y a todos sus animales, y se fue en secreto.

Amigos y hermanos

Génesis 32:24—33:1

Jacob no había visto a Esaú desde que había dejado su casa hacía muchos años. ¡A Jacob le preocupaba que hubiera problemas! Entonces una noche Jacob se halló luchando en la oscuridad con un extraño. Jacob sabía que se había encontrado con Dios, y Dios le había bendecido. Cuando Jacob y Esaú se encontraron, se alegraron de verse. Esaú le había perdonado.

El hijo favorito de Jacob

Génesis 37:3-4

Raquel, la esposa de Jacob, había muerto al dar a luz al bebé Benjamín. José fue el primer hijo que ella tuvo, y de todos los hijos de Jacob, José era su favorito. Jacob le dio una hermosa túnica de colores para demostrarle cuánto le amaba. Pero Jacob tenía otros hijos, y esto les provocó celos y enojo.

José, el soñador

Génesis 37:5-11

Una noche, José soñó que él y sus hermanos ataban manojos de grano. El manojo de José permanecía elevado, mientras que los manojos de sus hermanos se inclinaban hasta el suelo. Luego José soñó que el sol, la luna y once estrellas se inclinaban ante él. José le contó sus sueños a su familia. Parecía que un día la familia entera trataría a José como un rey.

Empieza la conspiración

Génesis 37:12-19

José se quedaba en casa con frecuencia mientras sus hermanos cuidaban las ovejas y las cabras de su padre. Un día, Jacob envió a José para buscarlos en una colina lejana, porque ya habían estado fuera por mucho tiempo. José salió contento a emprender su viaje. Pero cuando los hermanos vieron que José venía, empezaron a quejarse de él.

Problemas para José

Génesis 37:20-35

Para cuando José había alcanzado a sus hermanos, ellos habían decidido que la familia sería más feliz sin él. Estaban listos para pelear. ¡La mayoría de ellos querían matar a José! Rasgaron su hermosa túnica y lo arrojaron a un foso profundo que estaba cerca, mientras pensaban qué hacer con él.

El largo camino a Egipto

Génesis 37:25-35

Mientras pensaban, algunos mercaderes de especias pasaron por ahí en sus camellos. Los mercaderes aceptaron pagar veinte monedas de plata para llevarse a José y venderlo como esclavo en Egipto. Los hermanos mancharon con sangre de cabra la túnica de José y le dijeron a Jacob que su hijo menor había muerto por un ataque de un animal salvaje. Nunca volverían a ver a José.

Vendido como esclavo a Potifar

Génesis 39:1-5

José no podía entender cómo le podían pasar todas esas cosas malas. Pero Potifar era un amo bondadoso. Cuando José se convirtió en un esclavo en la casa de Potifar, él vio lo duro que trabajaba y lo trató bien. Dios no había olvidado a José. Dios bendecía todo lo que él hacía.

Más problemas...

Génesis 39:6-20

La esposa de Potifar vio que José era un joven guapo. Día tras día ella lo perseguía por la casa tratando de convencerlo de que la besara. José sabía que estaría mal darle un beso a la esposa de su amo, así que se alejó de ella. Esto enojó a la esposa de Potifar, y ella contó mentiras acerca de él a su esposo. Y José fue puesto en la cárcel.

Sueños y más sueños

Génesis 40:1-22

Junto con José, estaban en prisión el copero y el panadero del rey. Al poco tiempo pidieron ayuda a José. Ellos habían tenido sueños extraños. José tenía buenas noticias para el copero. José le dijo que su sueño significaba que en tres días volvería a trabajar para el rey. Pero dijo con pesar al panadero: en tres días serás colgado. Todo sucedió tal como José había dicho.

Dos años después...

Génesis 41:1-8

Cuando el copero salió de la prisión, prometió decir al rey que José era inocente y que no merecía estar en la cárcel. Pero el copero olvidó por completo a José, hasta que el rey mismo tuvo un sueño extraño acerca de espigas de trigo y vacas flacas y huesudas que devoraban a otras vacas gordas. ¡En ese momento, el copero se acordó de José!

La advertencia de Dios

Génesis 41:9-28

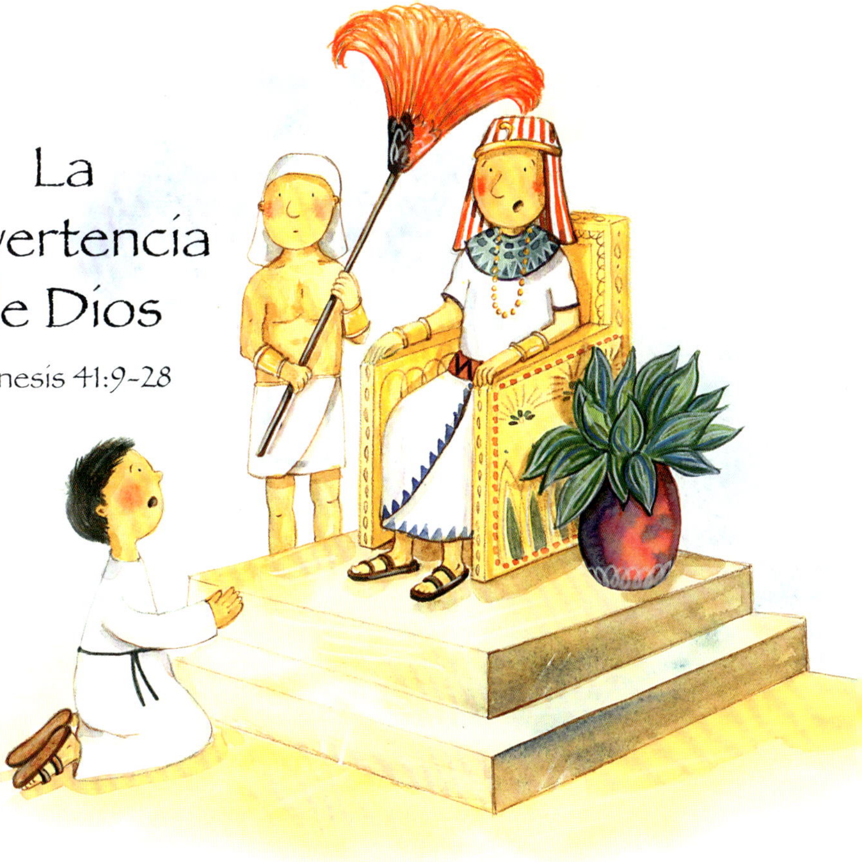

"Conozco a alguien que puede ayudarle —dijo el copero al rey—. En su cárcel hay un israelita que entiende el significado de los sueños". Así que sacaron a José de su celda en la prisión y lo lavaron y afeitaron. Entonces el rey relató a José todos los detalles de sus sueños. "Solo Dios puede ayudarlo —dijo José—. Esta es una advertencia de Él".

Cosechas buenas y malas

Génesis 41:29-49, 53-57

José le contó al rey que vendrían siete años de cosechas que llenarían sus graneros hasta rebosar. Pero luego vendrían siete años de terrible hambruna. El rey necesitaba un hombre que almacenara el grano para que nadie sufriera hambre. ¡El rey sabía que José era el hombre indicado! Así pasó José de ser un esclavo en prisión a ser el hombre más poderoso de Egipto después del rey.

Hambre en Israel

Génesis 42:1-3

En poco tiempo, José vestía ropa fina y joyas, y se trasladaba en su propio carruaje. Todo sucedió tal como él había dicho. Cuando llegó la hambruna, él abrió los depósitos de grano y se aseguró de que todos tuvieran suficiente comida. Pero en Israel, la familia de José sufría hambre. Entonces Jacob envió a diez de sus hijos a Egipto para comprar comida.

Diez hombres de Canaán

Génesis 42:5-8

Cuando los hermanos de José se inclinaron hasta el suelo delante del hombre encargado de administrar el grano en Egipto, no le reconocieron como su hermano perdido hacía tantos años. ¡Pero José sabía quiénes eran! Se dio cuenta de que los sueños que había tenido hacía tantos años se habían hecho realidad. José fingió que no entendía su idioma. Decidió probarlos.

Costales de grano

Génesis 42:11-38

José estaba muy feliz de ver a sus hermanos, pero quería saber si estaban arrepentidos de lo que le habían hecho. "¡Demuestren que no son espías! —les dijo José—. Traigan a su hermano Benjamín. Y uno de ustedes debe quedarse como rehén". Luego José los envió a su casa en Canaán con costales llenos de grano.

La copa de plata de José

Génesis 43:1—44:11

Cuando los sacos estaban vacíos, Benjamín fue con sus hermanos a Egipto. Jacob estaba muy triste de verlos partir. José los trató con bondad pero cuando los envió a casa con más costales de grano, también escondió su copa especial de plata en el saco de Benjamín. Justo cuando los hermanos se marchaban, un siervo los detuvo. "¡Deténganse! ¡Alguien ha robado la copa de plata de mi amo!".

José llora de alegría

Génesis 44:12—45:15

Los hermanos no podían creerlo cuando encontraron la copa en el costal de Benjamín. "¡Castíguenme a mí, no a Benjamín!" —dijo uno de sus hermanos. De ese modo José supo que sus hermanos habían cambiado. Los abrazó y les dijo quién era. "Dios nos ha cuidado a todos —dijo—. Yo no habría podido ayudarles durante la hambruna si no hubiera estado aquí en Egipto".

La bendición de Jacob

Génesis 45:25-28; 47:5-12; 48:1-21

Cuando Jacob supo
que José estaba vivo
después de tanto tiempo,
estaba ansioso por verlo.
El rey mandó a José traer a toda su familia para que viviera en Egipto. Por fin estaban juntos de nuevo. Jacob envejeció en Egipto y antes de morir pidió a Dios que bendijera a los hijos de José. Les dijo: "Un día Dios los llevará a casa, a Canaán".

José muere en Egipto

Génesis 50:22-26

José vivió muchos años en la tierra de Egipto. Sus hijos crecieron y tuvieron hijos y nietos. Dios les había bendecido y guardado a todos. Pero con el paso del tiempo, la tierra de Egipto se llenó de la familia de José y de sus descendientes. Se acercaba el momento en el cual dejarían de ser bien recibidos en Egipto.

Esclavos en Egipto

Éxodo 1:1-14

Había un nuevo rey en Egipto. A él no le importaba lo que José había hecho por su pueblo tantos años atrás. Veía que su tierra estaba llena de israelitas, y tenía miedo. Entonces el nuevo rey los convirtió a todos en sus esclavos. Trabajaban duro bajo el sol ardiente y los azotaban para obligarlos a trabajar aún más duro. Pero crecían en número.

El bebé en la canasta

Éxodo 1:22—2:4

¡El rey ordenó a sus soldados lanzar al río Nilo a todo bebé israelita! Así que la madre de Miriam escondió a su hermanito bebé de los soldados tanto tiempo como pudo. Luego le pidió a Dios que lo cuidara, y a Miriam que lo vigilara y lo pusiera en una canasta junto a la ribera del río.

Moisés y la princesa

Éxodo 2:5-10

Al poco tiempo, una de las hijas del rey bajó al río con sus criadas y les ordenó: "Pásenme esa canasta". Entonces vio al bebé dentro. "Pobre bebé —dijo—. Me lo quedaré y lo llamaré Moisés". Miriam salió de su escondite y le preguntó: "¿Quiere que vaya a buscar a alguien que lo cuide?". Así fue como la madre de Miriam cuidó a Moisés hasta que creció lo suficiente para vivir con la princesa.

Moisés huye

Éxodo 2:11-15

Moisés creció en el palacio como un príncipe egipcio. Pero Moisés sabía que él era un israelita. Cuando vio a un capataz egipcio golpear a un esclavo israelita, Moisés se enojó tanto que mató al egipcio y escondió su cuerpo. Pero Moisés temía tanto que el rey lo descubriera que huyó al desierto.

De príncipe a pastor

Éxodo 2:16-25

En la tierra desértica de Madián, Moisés encontró a siete hermanas que sacaban agua de un pozo. Él ayudó a las jóvenes y le invitaron a casa de ellas para conocer a su padre. Así fue que Moisés se casó con una de las hijas y se quedó a vivir en Madián, trabajando para su suegro como pastor.

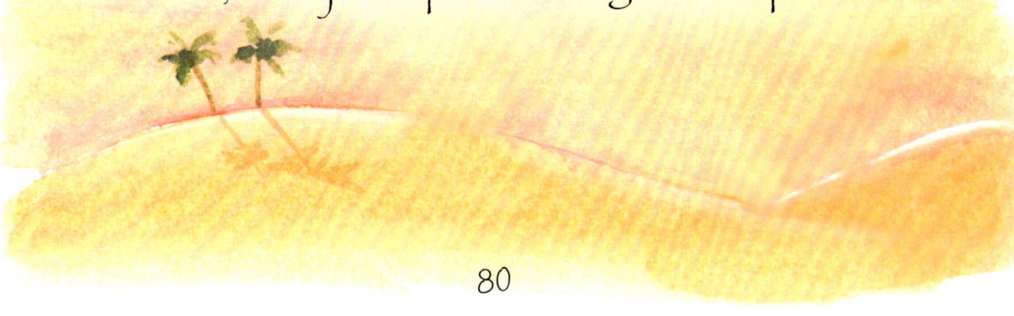

La zarza ardiente

Éxodo 3:1-10

Año tras año, Moisés cuidó sus ovejas en el desierto. Nada cambiaba mucho a su alrededor. Hasta que un día, Moisés vio una zarza que ardía, pero que no se quemaba. "¡Moisés! —era la voz de Dios que le hablaba desde la zarza—. Mi pueblo es esclavo en Egipto. Todos los días ellos oran a mí para que les ayude. Quiero que tú le digas al rey que los deje ir".

"¡Deja ir a mi pueblo!"

Éxodo 4:10-20; 7:1-13

Moisés tenía miedo. "Lleva contigo a tu hermano Aarón —dijo Dios—. Yo les ayudaré". Entonces Moisés y Aarón dieron el mensaje al rey. "El Dios de los israelitas, el Dios de todo el mundo, dice: '¡Deja ir a mi pueblo!'". Pero el rey contestó: "¡No! Yo no conozco a tu Dios. ¿Por qué debería obedecerle?".

La primera plaga

Éxodo 7:14-24

Moisés le dijo: "Entonces Dios enviará plagas a la tierra de Egipto". Aarón tocó el agua verde del río Nilo con su vara y de inmediato el agua se volvió roja como sangre. "¡Deja ir a mi pueblo!" —ordenó Dios. El rey dijo: "¡Sí!". Pero tan pronto como Dios limpió de nuevo el agua, el rey cambió de parecer.

La plaga de ranas

Éxodo 8:1-15

Entonces Dios envió una segunda plaga. Aarón extendió su mano sobre el río Nilo y de repente aparecieron ranas por todas partes. Había ranas en sus casas y ranas en el palacio. Había ranas en los hornos y ranas en sus camas. "¡Deja ir a mi pueblo!" —volvió a decir Dios. El rey dijo: "¡Sí!". Pero tan pronto como murieron las ranas, el rey cambió de parecer.

Las plagas de mosquitos y moscas

Éxodo 8:16-32

Entonces Dios envió más plagas. El polvo se juntó formando una gran nube de diminutos mosquitos que picaban a todos de la cabeza a los pies. Luego Dios envió una nube de moscas que invadieron a los egipcios pero no tocaron al pueblo de Dios. "¡Deja ir a mi pueblo!" —dijo Dios. El rey dijo: "¡Sí!". Pero tan pronto como Dios se llevó los mosquitos y las moscas, el rey cambió de parecer.

Egipto sufre

Éxodo 9:1-17

Entonces Dios envió más plagas. Ahora todo el ganado egipcio se enfermó y murió, pero Dios protegió a los animales de los israelitas. Cuando el rey se negó otra vez a dejar ir al pueblo, Dios envió una plaga de úlceras rojas en la piel que picaban y que afligieron a los egipcios. "¡Deja ir a mi pueblo!" —dijo de nuevo Dios. El rey dijo: "¡Sí!". Pero luego cambió de parecer.

La plaga de granizo

Éxodo 9:18-35

Entonces Dios envió una séptima plaga. Una tormenta de granizo azotó la tierra de Egipto. Trozos afilados de hielo destruyeron las plantas, y los campos de cultivo quedaron destruidos. Dios lanzó truenos, granizo y fuego. “¡Deja ir a mi pueblo!” —dijo Dios. El rey dijo: “¡Sí!”. Pero luego cambió de parecer.

Las plagas octava y novena

Éxodo 10:1-29

Entonces Dios envió más plagas. Un viento del oriente arrojó langostas por toda la tierra. Destrozaron los campos de todo lo que había quedado después del granizo. Los siervos del rey le rogaban: "¡Escuche a Dios!", pero él se negaba a ceder. Entonces Moisés extendió su mano. Dios trajo tinieblas sobre la tierra durante tres días completos. "¡Deja ir a mi pueblo!" —dijo Dios. El rey dijo: "¡Sí!". Pero luego cambió de parecer.

La última plaga

Éxodo 11:1-10

"¡Nunca vuelvas aquí a verme! —dijo el rey a Moisés—. ¡Si lo haces, morirás!". Entonces Dios reveló a Moisés cuál era la última plaga terrible. Esa noche, a la medianoche, todos los varones primogénitos en Egipto iban a morir. Fue como aquel tiempo cuando nació Moisés y el rey intentó ahogar a todos los bebés varones. Moisés mandó al pueblo de Dios pedir a los egipcios oro y plata, y alistarse para un largo viaje.

La Pascua

Éxodo 12:1-13

Dios dijo a Moisés: "Dile a mi pueblo que coman su última cena en Egipto vestidos y listos para viajar. Deben asar un cordero con hierbas amargas y comerlo con pan sin levadura. Deben marcar los postes y el dintel de la puerta con la sangre del cordero para que el ángel de la muerte pase de largo por sus casas". Esa noche los israelitas oían el llanto en cada hogar egipcio.

El rey dice: "¡Váyanse!"

Éxodo 12:29-41

El rey de Egipto sostenía en sus brazos la cabeza de su hijo, y lágrimas corrían por sus mejillas. Mandó llamar a Moisés y Aarón, y les dijo: "¡Váyanse y llévense a su pueblo!". Entonces Moisés reunió a todos los israelitas. Miles de hombres, mujeres y niños empezaron esa noche el viaje de salida de Egipto. Llevaron consigo todas sus pertenencias y todo el oro y la plata que los egipcios les habían dado.

Dios guía a su pueblo

Éxodo 13:17-22

Moisés dijo al pueblo que Dios guiaría su salida de Egipto y el fin de su esclavitud. Dios puso una columna de nube que todos los israelitas podían seguir durante el día. En la noche, Dios los guiaba con una columna de fuego resplandeciente que brillaba en la oscuridad. Todos podían ver la nube y el fuego, incluso aquellos que iban más atrás. Fue una noche que ellos nunca olvidarían.

Cruzan el Mar Rojo

Éxodo 14:1-28

Entonces el rey cambió otra vez de parecer. Envió su ejército de carros y jinetes para perseguirlos, con el fin de que los israelitas quedaran atrapados entre el ejército del rey y el Mar Rojo. Moisés levantó su vara y el mar se abrió, de modo que los israelitas atravesaron a salvo hasta la otra orilla. Luego Moisés volvió a levantar su vara y el agua cubrió los carros de los egipcios que les perseguían.

Aprenden a confiar en Dios

Éxodo 15:22-27

Los israelitas ya no eran esclavos. Agradecieron a Dios por salvarlos y celebraron su escape hacia la libertad. Pero ahora estaban en un nuevo viaje hacia la tierra de Canaán. En poco tiempo se cansaron y tuvieron sed. Moisés les dijo: "¡Confíen en Dios! Él nos dará todo lo que necesitamos". Dios les condujo a un oasis donde había palmeras con dátiles dulces para comer y arroyos de agua fresca.

Comida en el desierto

Éxodo 16:1-21

Los israelitas se sintieron felices muy poco tiempo antes de empezar a quejarse otra vez. Ellos protestaban: "Al menos teníamos buena comida cuando éramos esclavos en Egipto". Dios los bendijo con codornices y en las mañanas les dio maná con sabor a miel para comer.

El encuentro en la cima del monte

Éxodo 19:1-25

Los israelitas atravesaron el desierto hasta que llegaron junto al monte Sinaí. Entonces Moisés subió al monte para encontrarse con Dios. Se escuchaba el sonido de los truenos y los relámpagos, y el estruendo de una trompeta. Y mientras el pueblo esperaba, Dios hablaba a Moisés. Dios le entregó a Moisés leyes que les ayudaran a vivir juntos en paz.

Los Diez Mandamientos

Éxodo 20:2-17

"Dios es el único Dios. No adoren nada aparte de Él. Respeten el nombre santo de Dios. Guarden el día de reposo como un día especial. Amen y respeten a sus padres. No maten. No quiten a nadie su esposa o esposo. No roben. No digan mentiras de otros y no se pongan celosos por las cosas que otros tienen".

El descenso del monte

Éxodo 31:18

Dios dio estas normas especiales a Moisés en dos grandes trozos de piedra. Después se les conoció como los Diez Mandamientos. Moisés pasó mucho tiempo en el monte hablando con Dios. Mientras él estaba lejos, el pueblo se ponía nervioso. Se preguntaban qué pasaba. Entonces Moisés bajó de nuevo y vio algo que lo entristeció mucho.

El becerro de oro

Éxodo 32:1-19

Los israelitas querían tener un dios al que pudieran ver. Entonces le habían pedido a Aarón que les hiciera un dios como todos los pueblos a su alrededor. Aarón hizo un becerro dorado con sus anillos y joyas de oro, y cuando Moisés bajó del monte, vio que lo estaban adorando.

Moisés ora por el pueblo de Dios

Éxodo 32:20-35

Moisés sabía que Dios era el único Dios vivo y verdadero. ¡Moisés lo había visto y oído! Pero el pueblo era débil. "Perdónalos —oró Moisés—. Ellos necesitan aprender a confiar en ti. Señor, tú amaste y cuidaste a Abraham, Isaac y Jacob. No te enojes ahora con tu pueblo". Luego Moisés le pidió al pueblo que le siguiera, si querían amar a Dios.

Sacerdotes y ayudantes

Números 17—18

Algunos israelitas siguieron a Moisés. Luego Dios escogió sacerdotes de los descendientes de Leví, hijo de Jacob. Los sacerdotes iban a enseñarles los Diez Mandamientos y ayudarles cuando se equivocaran o hicieran cosas malas. Los sacerdotes ayudarían al pueblo de Dios a adorarlo.

Un acuerdo especial

Éxodo 25:10-22

Los Diez Mandamientos eran un acuerdo entre Dios y su pueblo. El pueblo obedecería las normas, y Dios cuidaría de ellos. Fueron guardados en una caja llamada el arca del pacto. Estaba recubierta de oro y tenía anillos de oro a cada lado para transportarla sobre unas varas dondequiera que iban los israelitas.

Doce espías

Números 13

El pueblo de Dios pasó muchos años en el desierto antes de llegar a la tierra que Dios les había prometido. Luego Moisés envió doce espías a Canaán para explorar la tierra y sus habitantes. Fue un espía de cada una de las tribus descendientes de Jacob. ¿Era buena la tierra para sembrar? ¿Eran amigables sus habitantes?

El informe de los espías

Números 13: 26—14:4

¡Diez espías regresaron con informes acerca de los pueblos violentos y hostiles de Canaán! Josué y Caleb dijeron a todos que Dios les había dado una hermosa tierra para vivir, con agua fresca y frutos jugosos, y verduras para comer. Pero los israelitas estaban asustados. Decidieron no vivir en Canaán. No confiaron en que Dios los cuidaría.

Josué, el nuevo líder

Deuteronomio 34:1-7; Josué 1:1-9

Moisés murió cuando era muy anciano. Entonces Dios escogió a Josué para guiar a su pueblo. "No te preocupes —dijo Dios—. Yo te ayudaré como ayudé a Moisés. Sé fuerte. Yo estaré contigo dondequiera que vayas". Josué sabía que podía confiar en Dios.

¡Espías en Jericó!

Josué 2:1-13

La ciudad amurallada de Jericó se interponía entre el pueblo de Dios y la tierra de Canaán. Así que Josué envió dos hombres para espiar a los habitantes de esa ciudad. Una mujer llamada Rahab vivía en una casa construida en la muralla de la ciudad. "Todos saben cómo su Dios los sacó de Egipto —les dijo—. Sabemos que Dios les dará la tierra de Canaán. Por favor, sean bondadosos con mi familia cuando tomen la ciudad".

Se salvan por un pelo

Josué 2:14-21

Rahab sabía que el rey buscaba a los espías. Ella los escondió en su techo debajo de un montón de lino hasta que pudieron salir a salvo por la ventana. Los espías prometieron que su familia no sufriría ningún daño si ponía como señal una cinta roja en su ventana.

El río caudaloso

Josué 3:1-13

Los israelitas habían acampado a un lado del río Jordán, el cual estaba crecido y caudaloso. Josué los preparó para la batalla que les esperaba. Pero antes, todos tenían que cruzar el río, y había miles de personas.

Cruzaron seguros

Josué 3:14—4:24

Los sacerdotes entraron primero al río llevando los Diez Mandamientos. El río se detuvo tan pronto sus pies tocaron el agua. Luego todo el pueblo cruzó a salvo sobre tierra seca. Josué escogió un hombre de cada una de las doce tribus y les mandó traer una piedra de en medio del río para marcar el lugar por donde Dios les había traído a Canaán.

La ciudad de Jericó

Josué 6:1-14

La ciudad amurallada de Jericó estaba delante de ellos, con sus fuertes y altas murallas. "No tengan miedo —dijo Dios—. Aquí estoy para ayudarles". Luego le presentó a Josué un curioso plan. Cada día, durante seis días, los israelitas debían marchar alrededor de la ciudad, al tiempo que siete sacerdotes tocaban sus trompetas.

Los muros caen

Josué 6:15-25

Luego, al séptimo día, los israelitas marcharon siete veces alrededor de la ciudad. ¡La última vez Josué ordenó a todos gritar con toda su fuerza! Y los muros de Jericó cayeron. La ciudad era suya. Rahab y su familia se unieron a los israelitas y estaban felices de formar parte del pueblo de Dios.

La tierra de Canaán

Jueces 2:10

Cuando Josué murió, el pueblo se estableció en Canaán. Era un buen lugar para quedarse y ser felices. La nación creció tanto que la promesa que hizo Dios a Abraham se volvió realidad. Él tenía tantos descendientes como las estrellas del cielo. Dios les había bendecido. Ellos solo tenían que acordarse de guardar los mandamientos de Dios.

Promesas rotas

Jueces 2:11—3:8

Pero los israelitas no se acordaron. No guardaron los mandamientos de Dios. Adoraron dioses falsos. Fueron crueles los unos con los otros. No cumplieron sus promesas. Entonces Dios dejó de protegerlos de sus enemigos y volvieron a ser esclavos, tal como sus antepasados habían sido esclavos en Egipto.

Una profetisa llamada Débora

Jueces 4:4-8

El pueblo de Dios
se dio cuenta de que
necesitaba su ayuda. Entonces
buscaron a Débora, quien
todavía escuchaba la voz de
Dios. Dios le dijo a Débora
cómo podía ayudarles. Un
día ella le dijo a Barac: "Dios
quiere que pelees contra
Sísara". "¿Yo? —respondió
él—. ¡Pero yo no puedo!".
Barac tenía miedo.
Sísara era el cruel
comandante
cananeo.

La victoria de una mujer valiente

Jueces 4:9-24

"Díos te ayudará —le dijo Débora—, pero como tú no confías en Él, va a darle la victoria a una mujer, no a tí". La batalla fue muy dura. Pero Dios envió lluvia y los carros de Sísara se atascaron en el lodo. Sísara huyó y se escondió en la tienda de una mujer llamada Jael. Mientras él dormía, Jael usó la estaca de una tienda para matarlo.

Dios escoge a Gedeón

Jueces 6:11-17

"¡Dios te ha escogido, Gedeón! —dijo un día un ángel—. Él quiere que tú salves a su pueblo de los madianitas". El pueblo de Dios necesitaba que lo salvaran. Los madianitas habían destruido sus cosechas por mucho tiempo, y el pueblo estaba asustado y con hambre. Pero Gedeón tenía miedo y dijo: "Por favor, dame una señal".

Una señal para Gedeón

Jueces 6:36-40

Gedeón le pidió a Dios que apareciera húmedo con el rocío un vellón de lana sobre el suelo seco. Dios lo hizo. Pero Gedeón volvió a pedir otra señal. Le pidió a Dios que el vellón apareciera seco y el suelo húmedo con el rocío. Y Dios lo hizo. Gedeón no era un soldado, pero ahora creía que Dios podía ayudarle.

Un ejército muy pequeño

Jueces 7:1-8

Gedeón reunió a 30.000 hombres para formar el ejército de Dios. Pero Dios mandó a Gedeón sacar a todo el que tuviera miedo. ¡Muchos hombres se volvieron a su casa! Después, Gedeón les pidió a los hombres que quedaban que bajaran al río a tomar agua. Dios mandó a Gedeón quedarse únicamente con los hombres que recogían el agua con su mano. Ahora solo le quedaban 300 hombres a Gedeón.

Una victoria para Dios

Jueces 7:15-24

Gedeón le dio a cada hombre una trompeta y una antorcha dentro de una vasija. Los israelitas fueron de noche al campo de los madianitas y los rodearon. Luego tocaron sus trompetas, rompieron las vasijas para que brillara la luz y gritaron. ¡Los madianitas se despertaron y corrieron por temor a perder sus vidas! ¡Fue una victoria! Los israelitas quedaron libres de nuevo.

La tristeza de Noemí

Rut 1:1-18

El esposo de Noemí y sus dos hijos ya mayores habían muerto en Moab. Noemí estaba muy triste, y decidió volver a su casa en Belén. "No tengo nada más para darles —dijo a las esposas de sus hijos—. Regresen al lado de sus madres". Orfa se fue a casa. Pero Rut no quiso irse, y le dijo: "Ahora yo soy tu hija. Iré contigo y te cuidaré. Y adoraré a tu Dios".

La bondad de Rut

Rut 2:1-3

Noemí fue bien recibida en Belén. Las personas lamentaban que su familia hubiera muerto. Pero también trataron bien a Rut. Se dieron cuenta de que era buena y amable. Al poco tiempo Rut recogía cebada en los campos de un hombre llamado Booz, con el fin de proveer suficiente alimento para ella y para Noemí.

Rut se encuentra con Booz

Rut 2:4-12

Booz le dijo a Rut: "Recoge todo lo que necesites". A los pobres se les permitía recoger la cebada que quedaba después de la cosecha en los campos. Pero cuando Noemí vio todo el grano que Rut había recogido, supo que Booz le había ordenado a sus trabajadores ayudar a Rut. Booz era un hombre bondadoso.

El nieto de Noemí

Rut 4:9-17

Booz vio que Rut era una buena hija para Noemí. Vio que era bondadosa y leal. En poco tiempo se volvieron amigos y Booz se casó con Rut. Noemí había sufrido mucho, pero ahora tenía una hija y un yerno que cuidaban de ella. Rut tuvo un bebé, al que llamaron Obed.

La oración de Ana

1 Samuel 1:1-28

Ana amaba a su esposo, pero mientras todos a su alrededor tenían bebés, ella no tenía hijos propios. Ella oró a Dios pidiendo que la bendijera con un hijo. Le prometió que dejaría a su hijo crecer en el templo y servir a Dios allí. ¡Ana se puso muy feliz cuando Dios contestó su oración! Llamó a su hijo Samuel.

Dios llama a Samuel

1 Samuel 3:1-9

Cuando creció, Samuel fue al templo donde Elí, el sacerdote, le enseñó a amar a Dios. Una noche, Samuel oyó que alguien lo llamaba. "¡Aquí estoy!" —dijo a Elí. Pero Elí le mandó volver a acostarse, diciendo: "Yo no te llamé". Esto se repitió una segunda y una tercera vez. Entonces Elí dijo: "Dios te está hablando, Samuel. Escucha a Dios, y haz lo que te diga".

Samuel, profeta y juez

1 Samuel 7:1-14

Elí se dio cuenta de que Dios había escogido a Samuel como el siguiente profeta. Samuel ayudaría a su puebo a derrotar a sus enemigos. "Dejen de adorar a dioses falsos —les dijo Samuel—. Amen a Dios y Él los salvará de los filisteos". Samuel oraba por los israelitas. Una vez, cuando los filisteos los atacaron, Dios envió una tormenta para confundirlos. Entonces hubo paz en la tierra por un tiempo.

Israel quiere un rey

1 Samuel 8:4-22

Samuel era un buen profeta y un juez sabio. Pero cuando envejeció, el pueblo se preocupaba de lo que pasaría cuando él muriera y dijeron: "Danos un rey para que podamos ser como todas las demás naciones". "Pero Dios cuidará de ustedes —les dijo Samuel—. Dios es su rey". Pero el pueblo quería un rey que pudieran ver.

Burras extraviadas

1 Samuel 9:1-10

Dios le dijo a Samuel que el pueblo podía tener lo que pedían. Dios enviaría a su encuentro un joven que sería rey. ¡Así encontró Samuel al primer rey de Israel mientras este buscaba unas burras extraviadas! Saúl y su siervo habían caminado varios kilómetros antes de pensar en preguntarle a Samuel dónde podrían estar las burras.

El primer rey de Israel

1 Samuel 9:17—10:1

Samuel vio al hombre alto y guapo que se dirigía hacia él. "Este es —dijo Dios—. Este es el hombre al que debes ungir como rey". Samuel recibió a Saúl y a su siervo, y les dijo dónde podían encontrar a las burras extraviadas. "Tengo noticias importantes para ti —dijo Samuel a Saúl—. Dios quiere que te unja como rey de Israel".

El rey del pueblo

1 Samuel 10:17-24

Saúl se puso nervioso con las noticas de Samuel. ¡Él sabía que no era hábil ni importante! ¿Por qué lo escogería Dios? Así que cuando Samuel anunció a las doce tribus de Israel que al fin tendrían un rey que pudieran ver, ¡Saúl estaba escondido entre todo el equipaje! Samuel lo sacó de ahí, y el pueblo celebró: "¡Larga vida al rey!".

Las cosas salen mal

1 Samuel 15:1-35

Dios ayudó a Saúl a ser un buen rey, y todos estaban felices cuando dirigió al pueblo a vencer a sus enemigos. Pero al rey Saúl le gustaba hacer todo a su manera. Pronto dejó de oír a Dios. Pensaba que sus ideas eran mejores. Las cosas empezaron a salir mal. Entonces Samuel lloró. Dios había rechazado a Saúl como rey.

Siete hijos guapos

1 Samuel 16:1-10

"Ve a visitar a Isaí —dijo Dios a Samuel—. Es hora de escoger a un nuevo rey". Isaí le presentó siete de sus hijos a Samuel. Todos eran altos y fuertes. "Las apariencias no lo son todo —dijo Dios—. Yo puedo ver cómo son las personas en su interior, y queremos a alguien que sea bueno, amable y sabio". Dios no escogió a ninguno de los siete hijos de Isaí.

El octavo hijo de Isaí

1 Samuel 16:11-12

Samuel preguntó: "¿Tienes más hijos?". "Mi hijo menor se llama David —respondió Isaí—. Él cuida mis ovejas, pero enviaré a alguien que lo traiga". Cuando David llegó, Dios ordenó a Samuel ungirlo como rey y le dijo: "Este es el próximo rey de Israel".

Música para el rey Saúl

1 Samuel 16:14-18

El rey Saúl era malhumorado y caprichoso. Gritaba a sus siervos. Ponía mala cara todo el tiempo. Ya nada parecía funcionar. “Tal vez podamos conseguir a alguien que toque para usted el arpa —dijo uno de sus siervos—. Puede ayudarle a dormir”. Así que encontraron a un joven pastor que amaba a Dios y escribía canciones. Se llamaba David.

La canción del pastor

Salmo 23

David vino a tocar su arpa delante del rey. A Saúl le gustó tanto su música que lo quería tener en la corte cada vez que él lo necesitara. "Dios es mi pastor —cantaba David—. Él me da todo lo que necesito. Él me guía a lugares tranquilos. Nada puede asustarme porque Dios está siempre a mi lado para ayudarme".

Goliat el campeón

1 Samuel 17:1-11

Los israelitas tenían un enemigo en su frontera. Los filisteos eran grandes y fuertes, y siempre los desafiaban a pelear. Pero hasta el rey Saúl le tenía miedo a Goliat, su campeón. ¡Goliat medía casi tres metros! Pero cuando David oyó el desafío de Goliat, se enojó mucho. ¡Él sabía que Dios era más fuerte que un filisteo!

Osos y leones

1 Samuel 17:32-39

"Yo pelearé con Goliat" —dijo David. El rey Saúl estaba preocupado. Saúl le mandó ponerse su propia armadura. Pero el yelmo le cubría los ojos. Todo era demasiado grande y pesado. David se la quitó. "Cuando yo cuido a mis ovejas, Dios me protege de leones y osos —dijo David—. Dios me ayudará ahora".

David pelea con el gigante

1 Samuel 17:45-50

"Tal vez seas grande y fuerte —dijo David—. Tal vez tengas una mejor armadura. Pero el Dios del mundo está aquí para ayudarme". Entonces, David lanzó una piedra lisa con su honda, y golpeó a Goliat en la frente. El gigante cayó muerto.

David y Jonatán

1 Samuel 18:1-15; 19:1-2

David se volvió famoso. Al principio a Saúl le agradó tener a un joven tan valiente trabajando para él. David y Jonatán, que era el hijo de Saúl, se volvieron los mejores amigos. Pero cuando Saúl vio cómo todo el pueblo quería a David, sintió celos. ¡Jonatán le advirtió a David que Saúl quería matarlo! Saúl se volvió enemigo de David. Pero cuando el rey Saúl murió, el pueblo quería que David fuera su rey.

El rey David

2 Samuel 6:12-19

Cuando David se convirtió en rey, hubo paz en la tierra de Israel. Ellos tenían a un rey que amaba a Dios y todo el mundo estaba contento. David había nacido en Belén, pero estableció su hogar en Jerusalén. David celebró cuando trajo el arca del pacto a Jerusalén.

La gran tentación de David

2 Samuel 11:2-3

David estaba casado. Pero un día, mientras su ejército estaba lejos en la guerra, vio a una mujer muy hermosa. David no podía dejar de pensar en ella. Y decidió que la quería también como esposa. David descubrió que la mujer se llamaba Betsabé. Ella ya tenía un esposo, Urías, un soldado de su ejército.

El gran error de David

2 Samuel 11:14-26

Entonces David hizo algo terrible. Mandó a Joab, su comandante, poner a Urías en el lugar más peligroso de la batalla. Planeó todo para que Urías muriera en la guerra. Cuando le dieron la noticia de la muerte de Urías, David se alegró. Así Betsabé quedó libre para casarse con él.

El profeta Natán

2 Samuel 11:27—12:6

David y Betsabé tuvieron un hijo. Todo parecía estar bien. Pero Dios estaba muy enojado con David. Envió a Natán a contarle a David una historia. Natán le contó a David acerca de un hombre rico que era dueño de muchas ovejas, pero que robó la única oveja que tenía un hombre pobre y la mató. David dijo: "¡Ese hombre rico merece morir!".

David llora

2 Samuel 12:7-13

"Tienes razón —dijo Natán—. Ese hombre hizo algo terrible, tan horrible como lo que tú has hecho. Tú, un rey con muchas esposas, ¡robaste la preciosa esposa de Urías y luego lo mataste! ¿Acaso Dios no te ha dado suficientes bendiciones?". Entonces David puso su cabeza entre sus manos. "He pecado —dijo—. Estoy muy arrepentido".

Dios bendice a David

2 Samuel 12:14-25

Dios perdonó a David. Pero cuando el hijo de Betsabé enfermó y murió, David estaba seguro de que era su culpa. Se puso muy triste. Después de un tiempo Dios bendijo a David y a Betsabé con otro hijo. Le llamaron Salomón. David quería que fuera rey cuando él muriera.

Absalón, hijo de David

2 Samuel 13—18

David amaba también a su hijo Absalón. Pero Absalón quería ser rey. Los soldados de David estaban en guerra contra los amigos y seguidores de Absalón. Un día hubo una batalla muy feroz. Absalón montaba su caballo por un bosque cuando su cabello largo se enredó en un árbol. Mientras estaba ahí colgado, algunos de los soldados de David vinieron y lo mataron. David estaba muy triste. Había perdido a otro hijo.

El sueño de Salomón

1 Reyes 3:5-15

Antes de morir, David ordenó a Salomón guardar los mandamientos de Dios, lo cual le convertiría en un mejor rey que su padre. Después de ser ungido como rey, Salomón soñó que Dios le preguntaba qué regalo deseaba recibir de Él: "Todavía soy muy joven —dijo Salomón—. Por favor, hazme sabio para que pueda ser un buen rey". Dios hizo sabio a Salomón, ¡y también rico y famoso!

El sabio rey Salomón

1 Reyes 3:16-28

Dos mujeres vinieron a ver al rey Salomón. Una dijo: "¡Ella robó mi bebé!". Pero la otra dijo: "No, ¡su bebé murió!". Salomón dijo: "Corten al bebé en dos". Una de las mujeres dijo: "¡Sí!" y la otra dijo: "¡No!". Salomón sabía que la madre verdadera protegería a su bebé. Entonces le dio el bebé a la segunda mujer. Todos vieron que Dios le había dado sabiduría a Salomón.

El templo de Salomón

1 Reyes 5:13—6:38

Salomón quería construir un templo para que el pueblo pudiera adorar a Dios en Jersusalén. Se hizo con muros de piedra y paneles de madera recubiertos de oro. Se decoró con flores labradas y ángeles dorados. Tomó siete años terminarlo, aunque miles de hombres trabajaron duro para que quedara hermoso y muy sólido.

La casa de Dios

1 Reyes 8:22-66

Los sacerdotes llevaron el arca del pacto al templo. "Yo sé que tú eres un gran Dios y que no habitas en casas hechas por hombres —oró Salomón—. Pero deja que tu pueblo te adore aquí. Oye las oraciones que hace aquí tu pueblo. Escucha cuando te digan que se arrepienten y perdónalos cuando hagan lo malo".

La reina de Sabá

1 Reyes 10:1-13

En las lejanas tierras de Sabá, la reina oyó acerca de Salomón. Ella viajó a Israel para comprobar si en verdad él era sabio y bueno. Después de ver su palacio y de haberlo escuchado, le dijo: "En verdad Dios te ha bendecido". Le ofreció como regalo oro, piedras preciosas y especias.

Un rey malo y una reina malvada

1 Reyes 16:29-33

El rey Acab no amaba a Dios como David y Salomón. Acab desobedeció todas las normas de Dios. Se casó con una mujer extranjera llamada Jezabel y levantó un altar a Baal, el dios falso al que ella adoraba. Acab le daba gracias a un dios falso por la lluvia y las buenas cosechas. Y el pueblo de Israel hacía lo mismo que su rey.

No más lluvia

1 Reyes 17:1

Elías era uno de los profetas de Dios. "Dios es el único Dios vivo —dijo Elías a Acab—. Solo Él puede dar la lluvia y las buenas cosechas. Ustedes deberían adorarlo a Él. Y mientras no lo hagan, Dios no enviará más lluvia. Habrá una terrible sequía". El mensaje de Elías enojó mucho al rey Acab.

Dios cuida de Elías

1 Reyes 17:2-6

Elías no se quedó a ver lo que pasaría después. Dios lo envió a un lugar al oriente del río Jordán. Allí Elías encontró un arroyo con agua limpia que podía beber. Cada mañana Dios enviaba cuervos con comida para su desayuno, y cada tarde los cuervos le traían su cena. El sol ardía. Aún no llovía.

El aceite que no se acabó

1 Reyes 17:7-16

Dios le dijo a Elías: "Ahora vete a Sarepta". Allí encontró a una mujer que recogía ramas para hacer fuego. Elías le preguntó: "¿Tienes un poco de pan que puedas darme?". La mujer respondió: "Esto es todo lo que nos queda". "Compártelo conmigo —dijo Elías—. Dios ha prometido que tendrás suficiente aceite y harina para hacer más". La mujer lo compartió con Elías. Después de eso, su harina y su aceite nunca se acabaron hasta que volvió a llover.

Tiempo de decidir

1 Reyes 18:16-19

Pasaron tres años. La tierra estaba seca y árida. Era hora de volver a visitar al rey Acab. "¿Estás listo para pedir perdón a Dios? —le preguntó Elías—. ¿Dejarás de adorar a Baal y en lugar de eso amarás a Dios? Reúne a todos en el monte Carmelo. ¡Es hora de decidir quién es el Dios verdadero, y entonces seguirlo!".

Los profetas de Baal

1 Reyes 18:20-29

Elías desafió a los profetas de Baal a que clamaran a su dios para que enviara fuego sobre un altar. Él haría lo mismo. El pueblo observó mientras los profetas danzaban y gritaban, gritaban y danzaban. Nada pasaba, nada en absoluto. "¿Está dormido su dios? —preguntó Elías—. ¿Se ha ido de fiesta?".

La oración de Elías

1 Reyes 18:30-37

Entonces le llegó el turno a Elías. Levantó un altar de doce piedras con una pequeña zanja alrededor. Les ordenó echar agua por todo el altar hasta que corrió un pequeño río alrededor del altar empapado. ¡Era imposible que algo ardiera allí! Luego, delante de todos, Elías oró: "Señor, demuestra a todos los que están aquí que tú eres el único Dios vivo y verdadero".

Fuego y lluvia

1 Reyes 18:38-46

Dios contestó la oración de Elías. ¡Cayó fuego del cielo! Quemó todo lo que había sobre el altar de Elías. Incluso secó toda el agua de la zanja. El pueblo vio que Dios era real. Supieron que era el único al que debían adorar, y se arrodillaron delante de Él. De inmediato, el Dios de toda la tierra envió lluvia. La sequía terminó.

Las amenazas de Jezabel

1 Reyes 19:1-12

Jezabel estaba furiosa con Elías. Entonces Elías se dio cuenta de que estaba solo y asustado. Dios le consoló, enviando un ángel para darle agua y comida. Pero aun así Elías seguía triste. Luego Dios le dijo a Elías que se encontraran en el monte. Allí hubo un terremoto, y luego fuego. Pero cuando Dios pasó, vino con un suave susurro.

Carro de fuego

2 Reyes 2:1-11

Era hora de que Elías terminara su obra en la tierra. Dios le mandó buscar a Eliseo para que fuera el siguiente profeta. Entonces Eliseo fue con Elías al río Jordán, donde el agua se partió en dos delante de ellos y cruzaron en tierra seca. Luego Eliseo vio cómo un carro de fuego tirado por caballos se llevó a Elías al cielo para estar con Dios.

La niña sirvienta

2 Reyes 5:1-7

Naamán tenía lepra. La niña israelita que trabajaba para ellos le convenció de ir a Israel y pedir ayuda a Eliseo. Pero Naamán era el orgulloso capitán del ejército sirio. Primero tenía que presentarse ante el rey de Israel. "¿Cómo puedo ayudarlo?" —gritó el rey. ¡Él temía que se tratara de una excusa para declararle la guerra!

Dios sana a Naamán

2 Reyes 5:8-14

Eliseo le dijo al rey que Dios podía sanar a Naamán. Él envió un mensaje que indicaba a Naamán lavarse siete veces en el río Jordán para quedar sano. Naamán era orgulloso y se enojó. ¡Había mejores ríos en su propia tierra! Pero de todos modos se bañó en el río Jordán, y su piel salió tan suave y limpia como la de un bebé. Dios lo había sanado, gracias a la niña sirvienta.

Jonás, enviado a Nínive

Jonás 1:1-2

Los asirios habían sido enemigos del pueblo de Dios por mucho tiempo. Eran crueles y codiciosos. Así que, cuando Dios mandó a Jonás ir a Nínive y advertir a sus habitantes que cambiaran su manera de vivir, ¡él no quiso ir! Él sabía cómo era Dios. Dios era bueno y amable, amoroso y perdonador. Tal vez perdonaría a los de Nínive, ¡y ellos merecían castigo!

Jonás se esconde de Dios

Jonás 1:3-6

Entonces Jonás huyó. Subió a un barco que iba en la dirección contraria, buscó un lugar debajo de la cubierta para esconderse y se quedó dormido. Jonás olvidó que es imposible esconderse de Dios. De repente, una gigantesca tormenta azotó el barco. Los marineros arrojaron toda la carga al mar. Luego despertaron a Jonás y gritaron: “¡Ora a tu Dios!”.

Tragado por un gran pez

Jonás 1:7—2:1

Jonás sabía que la tormenta era culpa suya. "¡Arrójenme al mar! Así Dios los salvará —les dijo Jonás—. ¡Yo soy el culpable de todo esto!". Los marineros arrojaron a Jonás por la borda. Se hundió al fondo, al fondo del mar. Luego Dios envió un gran pez que se lo tragó. Jonás estuvo tres días y tres noches dentro del pez, y allí oró a Dios.

Dios perdona

Jonás 2:10—3:10

"Lo siento —confesó Jonás a Dios—. Iré a Nínive". Entonces el pez escupió a Jonás en tierra seca, y él caminó hasta la gran ciudad. Le dijo a las personas que Dios estaba enojado por su crueldad. Les advirtió que cambiaran su manera de vivir. Y las personas escucharon, se arrepintieron, y cambiaron su manera de vivir. Y Jonás tenía razón respecto a Dios. Él era bueno y amoroso. Dios perdonó a los habitantes de Nínive.

Planes de Dios para Jeremías

Jeremías 1:1-10

Jeremías era un joven cuando Dios le llamó a ser profeta. "Te amé aun antes de que nacieras —dijo Dios—. Tengo planes para tu futuro y te ayudaré en todo lo que necesites". El pueblo de Dios había olvidado otra vez los mandamientos de Dios. Necesitaban su ayuda.

El alfarero y el barro

Jeremías 18:1-6

Jeremías observó cómo trabajaba el alfarero. Mientras el torno giraba, el barro se escurría. Se veía deforme. Pero el alfarero moldeó con suavidad el barro hasta convertirlo en una vasija perfecta. Dios era como el alfarero, pensó Jeremías. Su pueblo era como el barro. Dios podía cambiar a su pueblo y convertirlo en algo mejor, incluso a pesar de que habían cometido tantos errores.

Una advertencia para el rey

Jeremías 36:1-25

"¡Tienen un Dios que los ama! —decía Jeremías—. ¡Dios quiere ayudarlos! Pero ustedes no lo escuchan. Desprecian sus advertencias. Escuchen ahora, antes que el rey de Babilonia venga a atacarlos". Jeremías escribió la advertencia, pero el rey quemó las palabras en el fuego.

Babilonia, el enemigo

Jeremías 24; 37:1—38:3

Entonces el rey de Babilonia capturó a todos los hombres diestros de Jerusalén y los llevó lejos para que trabajararan para él. Primero fue llevado cautivo un rey, luego otro. Todos los tesoros del templo fueron robados. Jeremías advirtió al rey Sedequías que debía rendirse pronto o el pueblo moriría de hambre y la ciudad de Jerusalén sería destruida.

Solo en un pozo oscuro

Jeremías 38:4-6

Al rey no le gustó el mensaje de Jeremías, y a sus oficiales tampoco les gustó. El mensaje puso a todos nerviosos y asustados. Pero aun así no pidieron ayuda a Dios. En cambio, lanzaron a Jeremías a un pozo vacío y lo abandonaron allí para que se muriera.

Un amigo para Jeremías

Jeremías 38:7-16

Alguien fue al rey y le pidió que tratara bien a Jeremías. "No dejes que Jeremías muera —dijo—. Permítenos ayudarlo". Así que el rey le permitió liberar a Jeremías. Pero Jeremías no podía cambiar el mensaje que Dios le había dado. Y el rey todavía se negaba a escucharlo.

Jerusalén es destruida

Jeremías 39:1-9

Entonces el mensaje que Dios había dado a Jeremías se hizo realidad. Los babilonios entraron por las puertas de la ciudad e incendiaron el palacio y las casas. Derribaron los muros de la ciudad. Cuando encontraron al rey Sedequías, mataron a sus hijos, lo dejaron ciego y se lo llevaron encadenado.

Jeremías se queda en Jerusalén

Jeremías 40:1-6

Al principio, Jeremías fue llevado con los otros cautivos en cadenas. Pero Nabucodonosor, el rey babilonio, sabía acerca de Jeremías. Mandó a sus guardias que lo trataran bien y lo dejaran regresar a Jerusalén si él quería. Jeremías decidió cuidar a los más pobres que se habían quedado en la ciudad en ruinas. Regresó a Jerusalén.

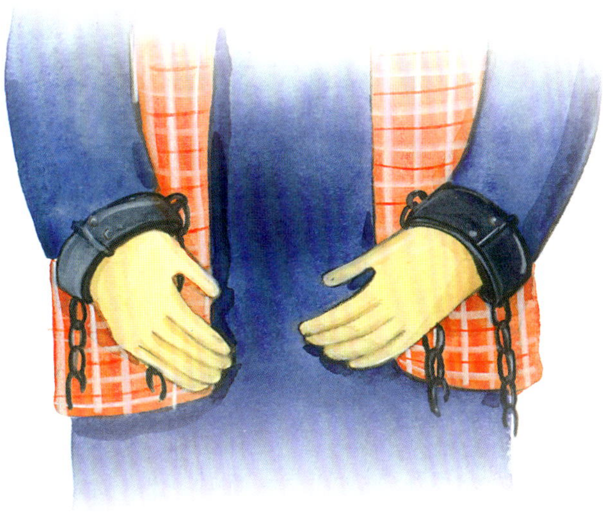

La tierra extranjera de Babilonia

Daniel 1:1-13

Daniel era uno de los cautivos que fueron llevados a Babilonia. Allí los trataban bien siempre y cuando trabajaran para el rey Nabucodonosor. "Vamos a trabajar duro —dijo Daniel—. Pero, por favor, danos solo agua y verduras para comer". Daniel no quería comer la comida que había sido ofrecida a los ídolos. Él quería guardar las leyes de Dios en una tierra extranjera.

Una tarea muy difícil

Daniel 2:1-12

Un día, el rey Nabucodonosor llamó a sus sabios y les dijo: "¡Mis sueños no me dejan dormir!". Ellos contestaron: "Cuéntanos tus sueños y te ayudaremos". Pero el rey les gritó: "¡No! ¡Ustedes me dicen cuáles fueron mis sueños o los mataré a todos!". Todos estaban muy asustados. ¿Sería esto posible para alguien?

Dios ayuda a Daniel

Daniel 2:17-30

Daniel y sus amigos oraron a Dios para que los ayudara. "Nadie puede decirte tu sueño —dijo Daniel a Nabuconodosor—, excepto Dios en el cielo. Le he pedido a Él su ayuda y Él me ha respondido. Te contaré tu sueño y lo que significa. Entonces tú sabrás cuán grande es Dios".

El extraño sueño del rey

Daniel 2:31-45

"Viste cómo una roca destrozó a una estatua maciza. Luego la roca se convirtió en una gran montaña —dijo Daniel—. La estatua eres tú y tu reino, grande y fuerte. Dios te advierte que un día serás destruido, y un día el reino de Dios vendrá y reemplazará a todos los demás". El rey Nabucodonosor estaba asombrado.

Los tres amigos de Daniel

Daniel 3:1-21

El rey pronto olvidó la advertencia de Dios. Construyó una enorme estatua dorada de sí mismo, y mandó a todos que se inclinaran y la adoraran. Sadrac, Mesac y Abednego no adoraron la estatua. Ellos dijeron: "Solo adoraremos a Dios", y fueron lanzados a un horno de fuego ardiente.

El horno en llamas

Daniel 3:24-29

Sadrac, Mesac y Abednego no murieron. Dios envió un ángel para protegerlos y para que las llamas no los lastimaran. ¡Cuando salieron del horno ni siquiera olían a humo! El rey Nabucodonosor alabó a su Dios que los había salvado del fuego.

El rey Belsasar de Babilonia

Daniel 5:1-2

Cuando el rey murió, su hijo Belsasar se convirtió en rey. Daniel ya era anciano, y Belsasar no lo conocía. Un día Belsasar hizo una gran fiesta. Usó los hermosos vasos de oro y de plata que su padre había tomado del templo de Dios en Jerusalén. Fue un gran error.

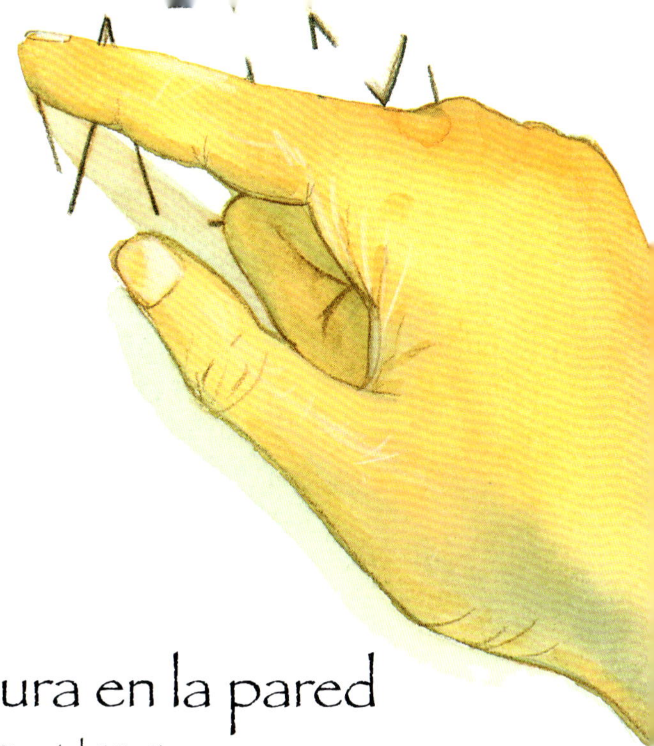

La escritura en la pared

Daniel 5:3-7

Mientras el rey Belsasar y sus invitados bebían vino en los hermosos vasos, alababan a los dioses de oro y plata, madera y piedra. De repente, la cara del rey Belsasar se puso pálida. ¡Vio los dedos de la mano de un hombre que escribía en la pared frente a él!

Dios prueba a Belsasar

Daniel 5:13-29

Nadie entendía el significado del extraño mensaje. Pero alguien se acordó de Daniel, y él vino a ayudar al rey. "Dios ha contado tus días como rey —explicó Daniel—. Dios te ha probado y has fallado. Tu reino será dado a los medos y a los persas. Tus días como rey han terminado".

Daniel, el gobernador

Daniel 5:30—6:4

Belsasar fue asesinado esa noche, y cuando Darío el medo se convirtió en rey, le pidió a Daniel que le ayudara a gobernar su nuevo reino. Darío estaba muy complacido con Daniel, pero a medida que le daba más poder a Daniel, más enemigos aparecían, hombres que tenían envidia de él. Estos hombres empezaron a buscar la manera de deshacerse de Daniel para siempre...

Conspiraciones contra Daniel

Daniel 6:5-15

"Rey Darío —dijeron—, ¡eres tan sabio y grande que la gente debería adorarte! Todo el que no lo haga deberá ser lanzado al foso de los leones...". Daniel amaba a Dios, y adoraría solo a Él. Así que oró a Dios como lo hacía todos los días. Cuando los hombres le dijeron al rey que Daniel había desobedecido su ley, Darío supo que le habían engañado. La ley no podía cambiarse; Daniel debía ser arrojado a los leones.

En el foso de los leones

Daniel 6:16-28

La puerta del foso de los leones estaba cerrada. Daniel estaba dentro. La mañana siguiente Darío fue a ver qué había sucedido. "Dios envió su ángel a cerrar las bocas de los leones —dijo Daniel—. ¡Estoy a salvo!". Entonces Darío proclamó una nueva ley. "Todos deberán respetar al Dios de Daniel, porque solo Él tiene el poder para salvar".

Nehemías quiere volver a casa

Nehemías 2:1-4

Nehemías vivía en Babilonia y era el copero del rey Artajerjes. Él sabía que Jerusalén estaba todavía en ruinas. Habían pasado muchos años desde que los israelitas habían vivido juntos en Jerusalén. Pero Nehemías oró para que el rey le permitiera ir a casa y reconstruir sus muros y sus puertas.

Una respuesta a la oración

Nehemías 2:5-20

Dios contestó su oración. El rey no solo dejó a Nehemías volver a casa, sino que le dio las provisiones necesarias para llevar a cabo la reconstrucción. Nehemías fue a Jerusalén y animó a todas las personas que vivían allí. Les dijo que Dios les ayudaría a empezar de nuevo.

Por fin en casa

Nehemías 3:1—6:19; 8:1-12

Nehemías ayudó a las personas a reparar los muros de Jerusalén y a construir nuevas puertas ¡Lo hizo en tan solo cincuenta y dos días! Luego Esdras, el sacerdote, recordó al pueblo las promesas de Dios para ellos y sus leyes especiales dadas a Moisés. Se pusieron muy tristes cuando se dieron cuenta de lo mucho que habían decepcionado a Dios, pero le dieron gracias por haberlos cuidado y traído de vuelta a casa.

El Salvador prometido por Dios

Malaquías 4:4-6

La historia no terminó cuando el pueblo de Dios regresó a Jerusalén. Dios les dijo por medio del profeta Malaquías que pronto enviaría a alguien para mostrarles cuánto les amaba. Se habían equivocado mucho en el pasado. Ahora Dios enviaría a alguien para salvarlos.

EL NUEVO TESTAMENTO

Un ángel en el templo

Lucas 1:8-17

Era el turno de Zacarías de quemar el incienso en el templo. De repente, en el silencio, el ángel Gabriel le habló. "Dios ha oído tus oraciones, Zacarías. Tu esposa tendrá un bebé, y lo llamarás Juan. Él se convertirá en un mensajero especial de Dios, y preparará a todos para cuando Dios venga a vivir con su pueblo".

Buenas noticias para Elisabet

Lucas 1:18-25

Zacarías se sorprendió con la noticia. ¿No será demasiado tarde para él y para su esposa tener su propio hijo? Cuando salió del templo no podía hablar y contar lo que había oído. Pasarían meses antes de que pudiera hablar otra vez. Pero pronto Elisabet tendría mucho de qué hablar. Ella sabía que esperaba un bebé...

El secreto especial de María

Lucas 1:26-38

Algunos meses después, el ángel Gabriel tenía que visitar a María, la prima de Elisabet. También le sorprendió la noticia. "No temas, María, porque Dios te ha escogido para hacer algo muy especial. Tú serás la madre del Hijo de Dios. Lo llamarás Jesús". María no se había casado aún con José, pero confiaba en Dios.

María y Elisabet

Lucas 1:39-45

Gabriel le había dicho a María que Elisabet también esperaba un bebé. Entonces María viajó para visitarla. Tan pronto llegó María, ¡el bebé de Elisabet se agitó de alegría! "Dios te ha bendecido, María, y yo soy muy privilegiada porque la madre del Salvador prometido ha venido a visitarme". "Dios es grande y santo —dijo María—. ¡Él ha hecho algo maravilloso!".

El censo romano

Lucas 2:1-5

Dios le dijo a José que se casara con María y cuidara de ella y de su bebé. Así que, cuando Augusto César ordenó a todos los habitantes a volver a sus ciudades de origen para ser contados, María fue con José a Belén. Muchas personas también viajaron.

No hay lugar en la posada

Lucas 2:6-7

No fueron días fáciles para María. José encontró un lugar para que ella descansara, y esa noche nació el bebé de María. Ella le llamó Jesús, tal como el ángel le había dicho. María lo envolvió en telas limpias y preparó una cama para él en el pesebre, porque no hubo lugar para ellos en la posada.

Pastores en el campo

Lucas 2:8-12

En los montes cerca de Belén, había pastores que cuidaban a sus ovejas. De repente, el cielo se llenó de luz y oyeron la voz de un ángel que traía buenas noticias. "No teman —dijo el ángel—. Hoy su Salvador ha nacido en Belén. Lo encontrarán acostado en un pesebre".

Ángeles en el cielo

Lucas 2:13-14

Entonces vieron cientos de ángeles que cantaban alabanzas a Dios. ¡Era un sonido maravilloso! Cantaban: "Gloria a Dios que vive en el cielo, y paz a todos en la tierra". Las voces resonaban en todo el monte hasta que los pastores supieron que debían ir a ver al nuevo bebé.

El bebé en el pesebre

Lucas 2:15-20

Los pastores fueron a Belén. Supieron que habían encontrado al bebé Jesús cuando hallaron a María y a José, y a un bebé acostado en un pesebre. Alabaron a Dios por el milagro de su nacimiento. ¡Estaban ansiosos por contarle a todo el mundo lo que habían visto aquella noche!

Sabios de oriente

Mateo 2:1

Cuando Jesús nació,
apareció una nueva
estrella en el cielo.
Hombres sabios de
tierras del oriente la
vieron y creyeron que
era una señal de que
un nuevo rey había
nacido al pueblo judío.
Prepararon regalos y
llevaron cofres en su viaje
en busca del bebé rey.

Siguen la estrella

Mateo 2:2

Los sabios viajaron durante muchos meses hasta que llegaron a Jerusalén. Se detuvieron en el palacio del rey Herodes y pidieron hablar con él. "Hemos venido para ver al bebé que ha nacido para ser rey de los judíos —dijeron—. Queremos adorarlo".

El único rey en Jerusalén

Mateo 2:3-8

El rey Herodes no estaba feliz. ¡Solo había lugar para un rey en Jerusalén! Preguntó a sus sacerdotes dónde decían las profecías que nacería un rey. Entonces envió a los sabios a Belén. "Cuando lo encuentren, no olviden decirme dónde está. Yo también quiero adorarlo...".

Los sabios adoran

Mateo 2:9-10

Los sabios viajaron a Belén en sus camellos, y dejaron atrás al rey Herodes. La estrella que habían visto los condujo a una casa en el pueblo. Cuando entraron en la casa vieron a María con su niño. Habían encontrado al bebé rey que estaban buscando.

Regalos para el bebé rey

Mateo 2:11

Los sabios se arrodillaron para adorar al niño de María. Luego abrieron sus cofres y le ofrecieron los regalos que habían traído consigo. María miró con asombro el oro, el incienso y la mirra. Después se fueron los sabios. Ella se quedó pensando en sus inesperados y extraños visitantes, y en lo que podían significar sus regalos.

Los sabios sueñan

Mateo 2:12

Los sabios planearon regresar a sus casas el día siguiente, de modo que descansaron en la noche. Pero Dios les habló en un sueño. Él les advirtió que no regresaran por el mismo camino. Si volvían a Jerusalén tendrían que contarle a Herodes acerca de Jesús. Y el rey Herodes planeaba matarlo… así que los sabios regresaron por otro camino.

Un hogar en Egipto

Mateo 2:13-23

José también soñó una noche con ángeles. Despertó a María y le dijo que debían salir inmediatamente de Belén. El rey Herodes envió soldados para que buscaran y mataran al niño. José y María se quedaron a vivir en Egipto hasta después de la muerte del rey Herodes. Entonces se fueron a vivir a Nazaret, en Galilea.

Celebraciones en Jerusalén

Lucas 2:41-42

Cuando Jesús tenía doce años, María y José lo llevaron a Jerusalén para la fiesta de la Pascua, como acostumbraban cada año. Muchas personas viajaban juntas. Era el momento de cantar y orar para celebrar el día en que Moisés guió a los israelitas fuera de Egipto, de la esclavitud a la libertad.

Perdido y hallado

Lucas 2:43-52

José y María habían viajado casi un día completo de regreso a casa, cuando descubrieron que nadie había visto a Jesús. Regresaron angustiados a Jerusalén y lo buscaron allí. Comprendieron que había estado con los sacerdotes en el templo, quienes estaban asombrados de todo lo que Jesús conocía acerca de Dios.

Juan el Bautista

Mateo 3:1-11

Juan, el hijo de Elisabet y Zacarías, ya era un hombre adulto. Llevaba ropa hecha de piel áspera de camello, y comía langostas y miel silvestre que encontraba en el desierto. Juan era un profeta. Bautizaba a las personas que dejaban de hacer las cosas malas que hacían y que deseaban cumplir los mandamientos de Dios. Juan los preparaba para recibir a Jesús.

Juan bautiza a Jesús

Mateo 3:13-17

Jesús tenía casi la misma edad que Juan. Un día fue al río Jordán y le pidió a Juan que lo bautizara. Juan sabía que Jesús era el Hijo de Dios. Él sabía que Jesús nunca había hecho nada malo y que por lo tanto no necesitaba ser perdonado. Pero cuando Jesús insistió, Juan lo bautizó. Entonces todos los presentes escucharon la voz de Dios. "Este es mi hijo. Yo lo amo".

Pruebas difíciles para Jesús

Mateo 4:1-7

Después de ser bautizado, Jesús fue al desierto a orar. Durante ese tiempo no tuvo nada para comer, y tenía mucha hambre. Entonces el diablo vino a probarlo. Le pidió a Jesús que demostrara que era el Hijo de Dios convirtiendo piedras en panes, y arrojándose desde la cima del templo. Pero Jesús no cedió a las tentaciones del diablo.

La última tentación

Mateo 4:8-11

Después, el diablo llevó a Jesús a un monte muy alto. "Mira todo esto —le dijo el diablo—. Te lo daré todo si tan solo me adoras". Jesús estaba cansado y hambriento, pero no cedió. "¡No! Déjame y vete —dijo—. Yo adoraré a Dios, y a nadie más que a Él".

Los primeros seguidores

Lucas 5:1-6

Era hora de que Jesús empezara la obra para la cual Dios lo había enviado. Encontró a Pedro y a Andrés, y les pidió que lo llevaran en su barca. Jesús les dijo: "Lancen sus redes y tendrán muchos peces". Los hombres hicieron lo que Jesús les dijo, ¡y en un instante las redes estaban repletas de peces!

Redes llenas de peces

Lucas 5:7-11

¡Había tantos peces plateados saltando en la red que Pedro y Andrés no podían sostenerla! Llamaron a Santiago y a Juan para que vinieran a ayudarles. Jesús les dijo: "Síganme". Los cuatro pescadores decidieron seguir a Jesús, y fueron los primeros de doce hombres que se convirtieron en sus amigos especiales.

Los invitados a la boda

Juan 2:1-4

Habían invitado a María a una boda en el pueblo de Caná. Ella fue con Jesús y sus amigos. Fue un día muy feliz, hasta que se acabó el vino. María temía que los novios se sintieran avergonzados delante de sus invitados. Como no quería que se arruinara su felicidad, pidió a Jesús que les ayudara.

Un milagro en Caná

Juan 2:5-11

Jesús mandó a los siervos: "Llenen esas tinajas de agua". Ellos llenaron seis tinajas inmensas hasta que quedaron repletas de agua fresca. "Lleven una taza de una de las tinajas al encargado del banquete". Los siervos observaron asombrados cómo el agua se había convertido en el mejor vino. Jesús había hecho un milagro.

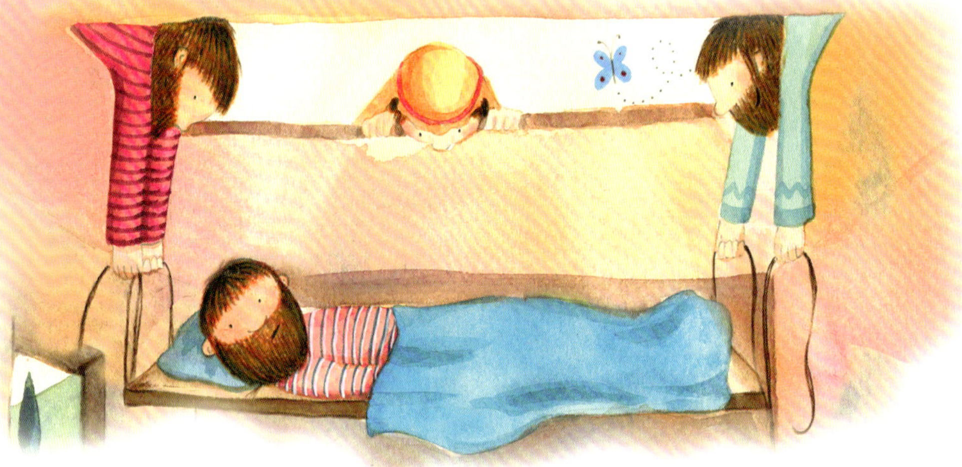

El agujero en el techo

Marcos 2:1-4

Jesús estaba en Capernaúm. Habían venido tantas personas a escucharlo que ya no quedaba espacio para más visitantes. Pero cuatro hombres necesitaban que Jesús ayudara a su amigo. El pobre hombre no podía caminar. ¡Subieron las escaleras por fuera de la casa y abrieron un agujero en el techo! Luego bajaron al hombre por la abertura.

Un milagro en Capernaúm

Marcos 2:5-12

Las personas que estaban abajo ayudaron al hombre a llegar al piso. "Está bien —dijo Jesús—. Ya puedes levantarte y llevar tu camilla. Te he sanado". Cuando el hombre se puso de pie, ¡todos estaban asombrados! Jesús decía y hacía lo que solo Dios podía hacer. Pero no todos pensaban que esto era bueno. A los líderes religiosos no les gustó para nada.

Mateo, el recaudador de impuestos

Mateo 9:9-13

Mateo era un hombre ocupado. Él recaudaba impuestos para los romanos. Jesús lo llamó: "¡Mateo, ven y sígueme!". Y Mateo dejó su puesto y lo siguió. Pero algunas personas fueron a buscar a los amigos de Jesús y les preguntaron qué quería decir Jesús. Pensaban que seguramente Jesús no se juntaría con gente mala como los recaudadores de impuestos. "Estas personas me necesitan —dijo Jesús—. Por eso estoy aquí".

Gente feliz

Mateo 5:1-12

Jesús se sentó en la ladera de una montaña y las personas se reunían para escucharlo. "Dios bendice a los que no son tan orgullosos para pedir ayuda. Dios consuela a los que están tristes, y será bondadoso con aquellos que son bondadosos con otros. Anhelen las cosas buenas, y Dios les dará todo lo necesario".

¡Sé diferente!

Mateo 5:43-44

"No teman ser diferentes. Amar a Dios significa ser perfecto, como Él. Amen a las personas y trátenlas con bondad, aun cuando no son amables con ustedes. Perdonen si les han hecho daño. Trátenlas como les gustaría ser tratados —dijo Jesús—. Amen a sus enemigos y oren por ellos".

Dedica tiempo a orar

Mateo 6:5-8

"Busquen un lugar para estar a solas. Hablen con Dios como si hablaran con un padre que los ama —dijo Jesús—. Sean sinceros y díganle lo que sienten. Cuéntenle sus preocupaciones. Dios no necesita palabras especiales, y Él ya sabe lo que necesitan. Dios se interesa por ustedes. Él les ayudará".

El Padre nuestro

Mateo 6:9-13

"Dios quiere que hablemos con Él como un padre que ama a su hijo. Pueden decir algo como: 'Padre, eres grande y santo. Por favor llena el lugar donde vivimos de paz, bondad y justicia, así como en el cielo. Danos lo que necesitamos comer hoy y perdónanos si hemos hecho daño a alguien, tal como nosotros perdonamos a los que nos han lastimado'".

Dios cuida de ti

Mateo 6:25-34

"No se preocupen por las cosas que necesitan cada día —dijo Jesús—. Dios alimenta a los pájaros y viste con hermosura las flores. Ellos no necesitan preocuparse. Dios se interesa en cuidarlos a ustedes incluso más que a los pájaros que vuelan o las flores a su alrededor. Pueden confiar en que Dios les dará todo lo que necesitan".

El soldado de Capernaúm

Mateo 8:5-7

Había un soldado romano en Capernaúm que había hecho amigos entre las personas del lugar. Incluso les había construido una sinagoga. El soldado sabía todo acerca de Jesús. Por eso, cuando su siervo cayó enfermo, pidió ayuda a Jesús para que lo sanara.

Jesús sana al siervo del soldado

Mateo 8:8-13

"No tienes que venir a mi casa —dijo el soldado—. Yo sé que tú puedes sanarlo. Solo di que es sanado y yo sé que así será". Jesús se sorprendió de la fe del soldado. "Dios recibe a todo el que confía en Él, sin importar dónde se encuentre. Y tienes razón en confiar en mí ahora. Tu siervo ya está bien". Y así fue.

Unos amigos muy asustados

Lucas 8:22-23

Era una noche tranquila cuando Jesús subió a un bote para navegar hasta el otro lado del lago de Galilea con sus amigos. Jesús estaba muy cansado y pronto se quedó dormido. Pero, como sucedía a veces, sopló un viento inesperado y el clima cambió repentinamente. El pequeño bote se tambaleaba arriba y abajo sobre las olas agitadas. Los amigos de Jesús exclamaron: "¡Jesús! ¡Despiértate! ¡Ayúdanos!". Jesús se puso de pie y tomó el control.

Jesús calma la tormenta

Lucas 8:24-25

Jesús habló al viento fuerte: "¡Paz!". Jesús habló a las olas agitadas: "¡Quietas!". En cuestión de segundos, el viento se había calmado y las olas se convirtieron en pequeñas ondas en la superficie del agua. Los atemorizados hombres volvieron a sentir la brisa en su cara. "¿Por qué estaban tan asustados? —les preguntó Jesús—. ¿Acaso no saben que yo cuido de ustedes?".

La visita secreta de Nicodemo

Juan 3:1-17

No muchos líderes religiosos querían a Jesús. Pero Nicodemo quería saber más de las enseñanzas que daba Jesús acerca de Dios. Una noche fue a ver a Jesús. "Dios me envió aquí a salvar a las personas —le dijo Jesús—. Dios ama tanto al mundo que ha dado a su único hijo para que todo el que crea en mí pueda vivir para siempre".

La mujer en el pozo

Juan 4:4-26

Había una mujer que sacaba agua de un pozo en Samaria. Jesús le preguntó: "¿Puedes darme un poco de agua?". Ella respondió: "¿Por qué me preguntas, si ustedes los judíos no hablan con los samaritanos?". "Yo sé todo sobre ti —dijo Jesús—. Puedo ofrecerte agua que hará que nunca más tengas sed. Yo soy a quien esperas, el enviado de Dios para salvarte".

La mujer que necesitaba ayuda

Lucas 8:43-48

Jesús iba de camino para ayudar a la hija de Jairo. Mientras caminaba entre la multitud, se detuvo repentinamente y preguntó: "¿Quién me tocó?". Los discípulos veían que todo el mundo lo tocaba, pues había cientos de personas allí. Pero una mujer le habló tímidamente. "Solo toqué el borde de tu manto —dijo ella—. Yo sabía que tú podías sanarme". Jesús le sonrió y siguió su camino.

La niña que necesitaba ayuda

Lucas 8:49-56

Alguien se acercaba a ellos en medio de la multitud. "No te preocupes —exclamaron—. Es demasiado tarde, ya está muerta". Jairo miró a Jesús. Eso era terrible, su hija tenía tan solo doce años. Jesús le dijo: "Confía en mí". Jesús entró en la casa, se arrodilló junto a ella y le dijo: "Levántate, pequeña". Y ella se sentó, y se sentía mucho mejor.

El almuerzo de un niñito

Lucas 9:12-16

Miles de personas habían venido a escuchar a Jesús; algunos también necesitaban ser sanados. Ya era tarde. Jesús preguntó a sus discípulos: "¿Podemos buscar comida para todos ellos?". Andrés dijo: "Hay un niñito que ha ofrecido su almuerzo, pero son solo cinco pedazos de pan y dos pescados secos". Jesús dijo al niño: "Gracias". Luego dio gracias a Dios también.

Sobró mucho

Lucas 9:16-17

Jesús repartió la comida a los discípulos y les pidió que la repartieran entre la multitud. Todos disfrutaron la comida, tuvieron suficiente para comer e incluso al final los discípulos recogieron doce canastas de lo que sobró. Fue un milagro. Jesús había alimentado a más de 5000 personas, con solo repartir el almuerzo de un niño.

Jesús sana a un sordo

Marcos 7:32-37

Jesús podía oír el canto de los pájaros que volaban encima del mar y el viento entre los árboles; pero el hombre que tenía en frente no podía oír nada. Sus amigos se quedaron a cierta distancia, esperando. ¿Podía Jesús ayudar a oír a un hombre sordo? Jesús tocó los oídos y la lengua del hombre. Entonces, de pronto, ¡todos sonrieron! ¡El hombre corrió hacia sus amigos!

La historia del buen samaritano

Lucas 10:30-37

"Un hombre fue atacado en el camino de Jerusalén a Jericó —contó Jesús en una de sus historias—. Un sacerdote y un levita pasaron junto al hombre y siguieron su camino. Pero un samaritano se detuvo y curó las heridas del hombre. Pagó para que lo cuidaran hasta que se recuperara. Si quieren saber lo que significa amar a otros, sean como el buen samaritano".

La historia de la oveja perdida

Lucas 15:3-7

"Si tienes cien ovejas pero descubres que una se ha perdido, ¿qué haces? —preguntó Jesús—. La buscas hasta encontrarla. Luego la cargas sobre tus hombros. Así es Dios. Él se interesa por todos, especialmente por los que están solos y perdidos".

La historia del padre amoroso

Lucas 15:11-32

"Un día un joven se fue de la casa de su padre —dijo Jesús—. Cuando todo el dinero se le había acabado, empezó a trabajar cuidando cerdos malolientes. ¡Detestaba ese trabajo! Al final regresó a casa para pedir perdón. Pero su padre había estado esperándolo. ¡Estaba tan feliz que hizo una fiesta! Así es Dios. Él ama a sus hijos y espera que vuelvan a Él".

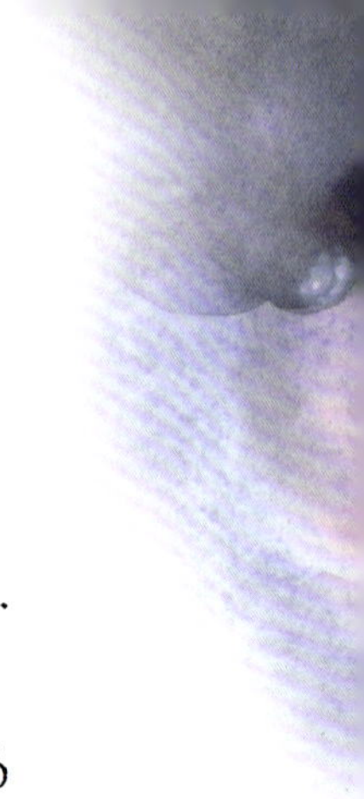

La historia del hombre rico

Lucas 12:16-20

"Había un granjero muy rico —dijo Jesús—. Un año tuvo una cosecha muy abundante. Entonces derribó sus graneros y construyó unos más grandes para almacenar todas sus cosechas. Tenía planeado descansar y disfrutar su dinero y todas las riquezas que había acumulado para sí. Pero esa noche, el hombre murió".

Tesoros en los cielos

Lucas 12:21, 33-34

"¿De qué le sirven ahora sus riquezas? —dijo Jesús—. No sean codiciosos. La vida es más importante que las cosas que el dinero puede comprar. Compartan lo que tienen con personas que lo necesitan. Entonces acumularán tesoros en el cielo, donde las polillas no pueden devorarlos ni los ladrones pueden entrar y robarlos".

A la espera de Jesús

Lucas 17:11-13

Diez hombres estaban en las afueras de un pueblo. Sus ropas estaban raídas y estaban cubiertos de vendajes. Esperaban a Jesús. Los hombres tenían lepra, una enfermedad horrible de la piel que los obligaba a vivir lejos de sus familias para evitar contagiarlas. "¡Ayúdanos, Jesús!" —exclamaron.

Solo uno dijo "¡gracias!"

Lucas 17:14-18

La mayoría de las personas temían acercarse a ellos. Pero Jesús los recibió y los sanó. ¡Los hombres estaban ansiosos por volver a casa con sus familias! Pero un hombre se arrodilló a los pies de Jesús y dijo: "¡Gracias, Señor, por sanarme!". Jesús sonrió, y luego preguntó con tristeza: "Pero ¿dónde están los otros nueve hombres?".

María, Marta y Lázaro

Juan 11:1-7

Lázaro vivía en Betania con sus dos hermanas. Jesús los visitaba con frecuencia. Eran buenos amigos. Un día, Jesús estaba de viaje cuando alguien le dio un mensaje: Lázaro estaba muy enfermo. Marta y María querían que Él fuera rápido y sanara su hermano, pero Jesús llegó a Betania algunos días después.

Jesús consuela a Marta

Juan 11:17-22

Marta esperaba a Jesús. Tenía muy malas noticias. "Mi hermano murió —le dijo—. Hace cuatro días lo enterramos. Si tan solo hubieras estado aquí, Lázaro seguiría con vida". Jesús la consoló. "Tu hermano volverá a vivir —le dijo—. Yo tengo poder sobre la vida y la muerte. Todo el que confíe en mí nunca morirá". Marta asintió diciendo: "Yo sé que tú eres el Hijo de Dios".

¡Lázaro vuelve a vivir!

Juan 11:34-44

Muchas personas habían venido a consolar a las hermanas. Acompañaron a María para mostrar a Jesús dónde habían sepultado a Lázaro. Jesús estaba tan triste que lloró con ellas, aunque sabía lo que pasaría después. "Padre Dios —oró Jesús—, que todos sepan que tú me has enviado para ayudarlos". Entonces Jesús mandó a Lázaro salir de la tumba. Todos estaban asombrados al ver salir a Lázaro. ¡Estaba vivo!

Jesús recibe a los niños

Marcos 10:13-16

Dondequiera que Jesús iba, las madres traían a sus hijos para que Él los bendijera. A los niños les gustaba estar con Jesús. Pero a veces los discípulos trataban de alejarlos. Pensaban que Jesús estaba demasiado ocupado o cansado. "Mi reino es para quienes son como estos niños —dijo Jesús—. Ellos están dispuestos a amar y confiar en Dios con todo su corazón. Nunca les impidan venir a mí. Ellos son siempre bienvenidos".

El ciego Bartimeo

Marcos 10:46-47

Jesús había estado de visita en Jericó. Sus discípulos lo siguieron. Muchas personas se habían reunido para escucharlo y también lo seguían. La multitud hacía mucho ruido. Entonces, aunque Bartimeo no podía ver a Jesús, no tardó en descubrir que estaba cerca, mientras estaba sentado y mendigando junto al camino. "¡Jesús, por favor, ayúdame!" —gritó.

¡El ciego puede ver!

Marcos 10:48-52

La gente decía a Bartimeo: "¡Jesús está demasiado ocupado!". Pero él no se daba por vencido. Volvió a exclamar. Jesús se detuvo. Le pidió a sus discípulos que lo llamaran. Bartimeo cayó a los pies de Jesús y dijo: "¡Por favor, ayúdame a ver!". "Ya que confías en mí, serás sanado —dijo Jesús—. Anda, ya puedes ver".

El pequeño recaudador de impuestos

Lucas 19:1-4

¿Qué hacía Zaqueo, el recaudador de impuestos, subido en un árbol? Quería ver a Jesús, y nadie se lo permitía por la gran multitud que se había reunido. Todo sabían que él era un engañador. Pero Jesús sabía dónde estaba. Se detuvo y miró hacia arriba, al hombre entre las ramas.

Zaqueo conoce a Jesús

Lucas 19:5-10

"¡Baja Zaqueo! —dijo Jesús—. Me gustaría ir hoy a tu casa". La gente de la multitud se disgustó. ¿Por qué era Jesús amable con un hombre que les robaba? Pero Jesús sabía que Zaqueo lo necesitaba. "Para eso estoy aquí —dijo Jesús después—. Quiero ayudar a las personas a comprender que hacer lo malo no los hace felices". Ese día todo cambió para Zaqueo. Se convirtió en un hombre honrado.

Vivir como Dios quiere

Mateo 25:31-40

"Dios ve cómo vivimos —dijo Jesús a sus discípulos—. A Él le agrada quienes son bondadosos, los que dan comida al hambriento, o comparten lo que tienen con otros, los que visitan a las personas en la cárcel o en los hospitales. Si ustedes son bondadosos con alguien, es como si fueran bondadosos conmigo".

Una vida desinteresada

Mateo 25:41-46

"Dios se entristece cuando ve que las personas dan la espalda a los que tienen frío o hambre, están en la cárcel o en el hospital —dijo Jesús—. Dios se entristece cuando las personas viven solamente para buscar su comodidad. Dios se interesa por todos, y quiere que sigamos su ejemplo".

Un banquete en Betania

Juan 12:1-8

Lázaro había organizado una cena especial para Jesús en Betania. Marta sirvió un banquete mientras Lázaro se sentaba en la mesa. Entonces vino María y derramó un costoso perfume en sus pies, y los secó con su largo cabello. "Se hubiera podido vender esto —dijo Judas, enojado—, pero ya lo ha desperdiciado". Jesús sacudió su cabeza. "María ha hecho algo por amor y bondad —contestó—. Ella me ha ungido para prepararme para mi muerte".

El Rey viene a Jerusalén

Lucas 19:29-39

Jesús iba montado en un burro hacia la ciudad de Jerusalén. Él y sus amigos habían venido para la fiesta de la Pascua. Las multitudes se juntaban en los caminos y tendían sus mantos frente a Él. Sacudían enormes ramas de palmera. "¡Alabado sea Dios! —exclamaban—. ¡Aquí viene Jesús nuestro Rey!". Pero algunos líderes religiosos también estaban entre la multitud y decían con enojo: "Háganlos callar".

Caos en el templo

Mateo 21:12-15

Jesús fue al templo a orar, pero se enojó al ver lo que pasaba. No había paz sino caos. La gente vendía animales para las ofrendas. Los que cambiaban monedas peleaban con los visitantes. "¡No más! —exclamó Jesús al tiempo que volcaba sus mesas—. ¡Ustedes convierten la casa de Dios en un mercado!". Entonces Jesús atendió a los que necesitaban su ayuda, algunos ciegos, otros que no podían caminar, y los sanó.

La mujer que lo dio todo

Marcos 12:41-44

Los ricos ponían dinero en la caja de las ofrendas en el templo. Pero Jesús se fijó más bien en una viuda pobre. "Esta mujer ama realmente a Dios —dijo Jesús a sus amigos—. Los otros dan mucho dinero pero se quedan con más para gastar en ellos mismos. Ella ha dado a Dios todo lo que tenía".

Planes y conspiraciones

Mateo 26:1-4

"Dentro de dos días celebraremos la cena de la Pascua —dijo Jesús a sus amigos—. Pero también será el momento en el que vendrán a arrestarme y a llevarme para ser crucificado". Entre tanto, los sacerdotes y los líderes religiosos estaban conspirando. "Debemos detener a Jesús para que no enseñe más a la gente —acordaron—. Pero debemos tener cuidado. Todo el mundo ama a Jesús. No queremos desorden".

Sean bondadosos unos con otros

Juan 13:4-20

Pedro no estaba contento. Todos estaban reunidos en una habitación en el piso de arriba y Jesús se disponía a lavar sus pies. "¡No! —dijo Pedro—. Este es el trabajo de un siervo". Jesús insistió amablemente. "Por eso lo hago, Pedro —dijo Jesús—. Ninguno de nosotros es mejor que los demás. Ustedes tienen que cuidarse los unos a los otros para que otros sepan que son mis seguidores".

Amigos en la mesa

Juan 13:21-26

Jesús miró a todos en la mesa cuando se sentó a comer su cena. "Ustedes son mis amigos —dijo—. Pero pronto uno de ustedes me traicionará entregándome a mis enemigos". Juan estaba sentado al lado de Jesús y le preguntó: "¿Pero quién hará esto?". Judas apartó la mirada de Jesús y estaba inquieto en su asiento. Jesús remojó un pedazo de pan en aceite y se lo dio. Luego dijo a Juan: "Aquel que tomó el pan".

Quedan once amigos

Juan 13:27-30

Entonces Jesús habló a Judas: "Ahora ve y haz lo que tienes que hacer". Judas miró por última vez al grupo reunido en la mesa. Luego salió de la habitación. Ya era de noche. Judas era el tesorero del grupo. Los otros pensaron que iba a dar dinero a los pobres. El dinero sonaba en su bolsillo, las treinta monedas de plata que le habían dado para guiar a los soldados armados hasta Jesús.

Las palabras osadas de Pedro

Juan 13:31-38

"Ya casi tengo que dejarlos —dijo Jesús a sus amigos—. Ámense unos a otros como yo los he amado y los he cuidado". "Pero, ¿a dónde vas? —preguntó Pedro—. ¡Haría lo que fuera por ti!". Jesús estaba triste. "Yo lo sé, Pedro. Pero antes de que el gallo cante mañana, habrás dicho tres veces que ni siquiera me conoces".

Pan y vino

Marcos 14:22-25

Jesús y sus amigos comieron juntos su última cena. Jesús partió el pan y lo repartió entre ellos. "Coman esto —dijo—. Este es mi cuerpo que será partido por ustedes". Luego Jesús tomó una copa de vino y dijo: "Tomen esto. Esta es mi sangre que será derramada por ustedes".

Jesús ora

Mateo 26:36-38

Jesús llevó a sus amigos a un huerto llamado Getsemaní, donde le gustaba orar en el silencio de los olivos. "Por favor quédense aquí y oren —les pidió a Pedro, Santiago y Juan—. Oren por mí". Jesús se alejó un poco para poder hablar con Dios.

Jesús está solo

Mateo 26:39

Jesús sabía que pronto vendrían a arrestarlo. Pronto sería llevado lejos de sus amigos. Pronto estaría muy solo. "Padre, por favor, ayúdame —le pidió a Dios—. Ayúdame a ser valiente. Quisiera que quitaras todo el sufrimiento que estoy a punto de sentir. Pero si debo morir mañana, ayúdame a no temer".

Amigos dormidos

Mateo 26:40-46

Cuando Jesús regresó a ver a sus amigos, no estaban vigilando. Ni siquiera estaban orando por Él. Todos los discípulos, incluso Pedro, Juan y Santiago, se habían quedado dormidos. Jesús los despertó y les preguntó: "¿No pudieron orar ni siquiera un rato?". Jesús volvió a apartarse para orar, pero sus amigos no pudieron permanecer despiertos.

Judas lleva a los guardias armados

Mateo 26:47-56

En el huerto había luces. Se oía el sonido de hombres que caminaban entre los árboles. Jesús dijo: "Ha llegado la hora". Reconocieron a Judas que guiaba a un grupo de hombres armados. Se quedaron mirando cuando él avanzó para besar a Jesús como si fuera su amigo. Judas había traicionado a Jesús y lo había entregado a sus enemigos.

Jesús, el prisionero

Marcos 14:46-50

Los hombres rodearon a Jesús y lo llevaron prisionero. Sus amigos estaban tan asustados que huyeron y le dejaron. Luego los hombres con espadas y palos se llevaron a Jesús entre los árboles en medio de la noche. Pedro esperó hasta que se adelantaron, y los siguió de lejos, fuera de su vista.

Pedro llora

Lucas 22:54-62

Pedro esperaba afuera mientras Jesús estaba adentro en la casa del sumo sacerdote. Una niña que había observado a Pedro dijo: "Este hombre es uno de sus amigos". Pedro contestó rápidamente: "¡No, no lo soy!". "Sí —dijo otro—, creo que tienes razón". Pedro volvió a negarlo. "Incluso tiene el mismo acento que Jesús" —dijo un hombre más tarde. "Eso no es cierto —dijo Pedro—. Ya te lo dije; ¡no conozco a Jesús!". Entonces el gallo cantó. Pedro lloró al recordar lo que Jesús había dicho.

La multitud enojada

Mateo 27:11-22

Poncio Pilato, el gobernador romano, era la siguiente persona que iba a interrogar a Jesús. Solo él podía decidir quién debía morir. Pilato podía declarar a Jesús inocente, pero él sabía que los sacerdotes lo querían muerto. Afuera, una multitud despiadada gritaba: "¡Crucifícalo! ¡Crucifícalo!".

La corona de espinas

Mateo 27:22-31

"Se acerca la Pascua —dijo Pilato a la multitud—. Puedo liberar a un prisionero. ¿Quieren a Barrabás, el asesino? ¿O quieren a este hombre, Jesús de Nazaret?". Los gritos se oían con más fuerza: "¡Libera a Barrabás! ¡Crucifica a Jesús!". Pilato entregó a Jesús a los soldados. Ellos lo vistieron con una túnica roja, le clavaron una corona de espinas en la cabeza, y se burlaron del hombre al que llamaban "el Rey Jesús".

Viernes en la mañana

Juan 19:17

Jesús tropezó cuando los soldados lo llevaban lejos para ser crucificado fuera de los muros de la ciudad. Algunas personas que observaban habían sido sus amigos. Lo habían oído hablar acerca del amor y la bondad. Lo habían visto sanar personas conocidas. Sabían que era un buen hombre, y lloraban por Él.

Una cruz entre dos ladrones

Lucas 23:32-38

Obligaron a Jesús a cargar el madero en el cual sería crucificado. Cuando llegaron al lugar, pusieron un letrero encima de Él que decía: "Este es el Rey de los judíos". Luego lo clavaron allí, entre dos ladrones. "Perdónalos —oró Jesús a Dios—. Ellos no saben lo que hacen".

Cruces en el monte

Lucas 23:39-43

Mientras agonizaban, uno de los ladrones habló a Jesús desde su cruz. "Tú has salvado a otros, ¿por qué no te salvas a ti mismo?". Pero el otro ladrón le contestó: "¡Déjalo tranquilo! Nosotros merecemos ser castigados, pero este hombre no ha hecho nada malo. Jesús, por favor acuérdate de mí". Jesús prometió que ese día estaría con él en el cielo.

Juan y María

Juan 19:26-27

Entre los presentes, cuando Jesús era crucificado, se encontraban su madre María y su amigo Juan. "¡Madre! —exclamó Jesús—. Este es tu hijo ahora. ¡Juan! Cuida a María por mí". María lloraba y Juan la consolaba. Pasaron las horas y Jesús se debilitaba más y más.

El Hijo de Dios

Mateo 27:46-51, 54

Jesús sabía que Él moría por otros y no por Él mismo. Sabía que para eso había nacido. Pero ahora se sentía muy solo. Jesús clamó con voz fuerte y luego murió. En ese momento la tierra tembló. El soldado cerca de la cruz dijo: "Este hombre era realmente el Hijo de Dios".

La muerte de Jesús

Mateo 27:55-58

Algunas de las mujeres que eran amigas de Jesús se quedaron llorando junto a la cruz. Era casi el comienzo del día de reposo, y no querían que su cuerpo se quedara ahí. José de Arimatea fue ante Pilato y le pidió que le dejara sepultar a Jesús en su propia tumba. Pilato le dio permiso. Los soldados perforaron con una espada el costado de Jesús para asegurarse de que estuviera muerto.

Unos amigos sepultan a Jesús

Juan 19:38-42

José fue con Nicodemo y bajó el cuerpo de Jesús de la cruz. Lo llevaron al huerto donde se había labrado en la roca una tumba nueva, y envolvieron su cuerpo en especias y un lino limpio. Los hombres cerraron bien la tumba con una piedra enorme que rodaron hasta la entrada.

María Magdalena llora

Mateo 27:61, Lucas 8:2

Ese viernes en la noche las mujeres siguieron a José y a Nicodemo. Querían ver dónde habían puesto el cuerpo de Jesús para poder ir después del día de reposo a ungir bien su cuerpo. Jesús había sido bondadoso con María Magdalena. Otros la habían rechazado. Pero Jesús la había sanado y había sido su amigo. Ella lloró por Él.

El amanecer del domingo

Lucas 23:55—24:1

El día de reposo había empezado el anochecer del viernes. Las mujeres, junto con todos los amigos de Jesús, habían descansado el sábado. Habían pasado tiempo orando y adorando a Dios. Pero nada era lo mismo sin Jesús. Tan pronto terminó el día de reposo, María Magdalena salió de la casa, antes del amanecer.

La tumba en el huerto

Lucas 24:1

María fue a buscar a Juana y a María, la madre de Santiago, y juntas fueron al huerto donde habían visto a José y Nicodemo poner el cuerpo de Jesús en la tumba nueva. Llevaron consigo especias que habían preparado para ungir su cuerpo.

¿Quién movió la piedra?

Marcos 16:2-4

Esa misma mañana del domingo, las mujeres fueron muy temprano al huerto. Habían estado preguntándose cómo moverían la piedra que cerraba la entrada de la tumba. Pero cuando llegaron, ¡alguien ya había movido la piedra! ¡La tumba estaba vacía!

El mensaje de los ángeles

Lucas 24:3-8

Justo cuando se preguntaban qué había sucedido, y por qué el cuerpo de Jesús ya no estaba, aparecieron dos ángeles. "¿Por qué buscan a Jesús entre los muertos? ¿No recuerdan que Él les dijo que se levantaría de los muertos al tercer día? ¡Él está vivo!".

La tumba vacía

Lucas 24:9-11

Las mujeres estaban ansiosas por contar a los otros amigos de Jesús lo que habían visto. Corrieron de vuelta a la ciudad y contaron a los once discípulos, y luego a todos los que conocían a Jesús, que la piedra había sido movida y que Jesús ya no estaba en la tumba. Los hombres no podían creerlo. Tenían que verlo por sí mismos.

Juan cree

Juan 20:3-8

Entonces Pedro y Juan corrieron desde la ciudad hasta el huerto. Vieron que el cuerpo de Jesús ya no estaba, tal como las mujeres habían dicho. El lino que envolvió su cuerpo estaba puesto a un lado, vacío. Entonces Juan comprendió lo que había pasado, y creyó que Jesús había resucitado de los muertos y estaba vivo.

María se encuentra con Jesús

Juan 20:10-17

Los hombres regresaron a la ciudad y dejaron a María sola en el huerto. Sus ojos estaban nublados de tanto llorar cuando oyó una voz por detrás que la llamaba por su nombre. Pero ella conocía esa voz, ¡era Jesús! ¡Estaba contenta de verlo vivo y hablándole! Jesús le dijo: "Ve y cuenta a los otros que me has visto".

Las buenas noticias de Jesús

Juan 20:18

María corrió de nuevo para ver a los once discípulos. Esta vez no estaba confundida sino contenta. Les dio las buenas noticias. "¡Lo he visto! —les dijo tan pronto recobró el aliento—. ¡Jesús está vivo y yo lo he visto!".

Encerrados en una habitación

Juan 20:19-29

Ese día, más tarde, Jesús vino a ver a los discípulos que estaban escondidos a puerta cerrada. Tomás no estaba ahí, entonces cuando le dijeron que habían visto a Jesús, él no pudo creerles. Ocho días más tarde, Jesús se apareció de nuevo y dijo: "Ven, Tomás, mira las marcas de los clavos". Tomás cayó de rodillas. ¡Ahora sabía que Jesús estaba vivo!

Amanecer en el lago de Galilea

Juan 21:4-6

Al amanecer, Jesús estaba en la orilla junto al lago de Galilea. Calentaba pan en una pequeña fogata, y podía ver a algunos de sus amigos en su bote de pesca. "¡Lancen su red al lado derecho del bote!" —exclamó.

La gran pesca

Juan 21:1-3, 6

Pedro, Santiago, Juan, Tomás y unos pocos más habían estado pescando toda la noche. Ya amanecía y no habían pescado nada. Pero lanzaron su red al otro lado del bote, según les había dicho el hombre en la orilla. Al cabo de unos minutos, ¡su red estaba repleta de peces y estaban arrastrando la gran pesca!

Pedro es perdonado

Juan 21:7-17

De repente, ¡Pedro se dio cuenta de que ese hombre era Jesús! Poco después estaban comiendo juntos pan y pescado. Pedro estaba callado. Todavía se sentía culpable de haber negado a Jesús en la noche de su arresto. Jesús le preguntó "Pedro ¿me amas?". Pedro respondió: "¡Sí, Señor, tú sabes que te amo!". Entonces Jesús le confió a Pedro el trabajo de cuidar a todos sus amigos.

Jesús regresa a su Padre

Hechos 1:1-11

En muchas otras ocasiones Jesús se encontró con sus amigos, hasta que llegó el momento de regresar con Dios al cielo. “Un día regresaré —les dijo—. Pero ahora esperen a que el Espíritu Santo les dé el poder para hacer cosas grandes”. Luego Jesús dejó a sus amigos y regresó al cielo.

Poder en Pentecostés

Hechos 2:1-4

Había venido gente de todo el mundo para celebrar la fiesta de Pentecostés en Jerusalén. Los amigos de Jesús estaban juntos reunidos cuando un sonido como un viento fuerte llenó la casa donde estaban. El Espíritu Santo había venido a darles el poder para hacer las cosas buenas que Jesús quería que hicieran.

Pedro habla acerca de Jesús

Hechos 2:14-41

Pedro ya no era el pescador de antes. El Espíritu Santo le había ayudado a hablar acerca de Jesús a la multitud que se había reunido. "Jesús murió en una cruz, pero Dios le ha dado vida nueva. Crean que Jesús es el Hijo de Dios y Él perdonará todo lo malo que han hecho". Ese día unas 3000 personas se volvieron cristianas.

Más que plata y oro

Hechos 3:1-10

Poco después, Pedro y Juan fueron al templo a orar. Un hombre que no podía caminar les pidió dinero. "No tengo ni plata ni oro —dijo Pedro—. Pero puedo sanarte en el nombre de Jesús, ¡lo cual es mucho mejor!". Entonces el hombre pudo levantarse y caminar, y dio gracias a Dios por haberle sanado.

En una cárcel

Hechos 4:1-3

Las personas se asombraban de ver al hombre cojo que caminaba de nuevo. Pero no todos estaban felices con eso. Los guardias del templo pensaban que la muerte de Jesús sería el fin de sus problemas, pero apenas parecía el principio. Arrestaron a Pedro y a Juan y los pusieron en la cárcel.

Pedro predica

Hechos 4:7-20

Pedro contestó con valentía cuando le preguntaron qué había sucedido. "Jesús sanó al hombre, ustedes mismos han visto el milagro". Los guardias del templo no se atrevieron a mantenerlos en la cárcel porque muchas personas alababan a Dios por causa del milagro. Les mandaron no volver a hablar acerca de Jesús. "Pero son noticias muy buenas, ¿cómo podemos callarlas?".

Arresto de Esteban

Hechos 4:4, 32-35; 6:1—7:57

Había cerca de 5000 personas en Jerusalén que vivían conforme a las enseñanzas de Jesús, y compartían todo lo que poseían. Dios bendijo a Esteban para sanar a los enfermos y predicar con valentía acerca de Jesús. Los ancianos del templo lo arrestaron y planearon apedrearlo hasta matarlo.

La muerte de Esteban

Hechos 7:58—8:1; 9:1-2

Saulo estaba allí y vio cuando Esteban murió. Estaba complacido. Saulo creía en Dios, pero estaba convencido de que los seguidores de Jesús estaban equivocados. Se propuso encontrarlos a todos y ponerlos en la cárcel.

De camino a Gaza

Hechos 8:26-30

La vida no era fácil para los seguidores de Jesús, pero ellos sabían que contaban con su ayuda. Algunos se fueron de Jerusalén, pero dondequiera que iban contaban a todos acerca de Jesús. Felipe se ofreció a ayudar a un hombre de Etiopía que estaba de camino a Gaza. Estaba sentado en un carro, y leía acerca de Jesús.

Un nuevo creyente

Hechos 8:31-38

"¿Puedes ayudarme? —le preguntó el hombre a Felipe—. No entiendo esta profecía". Entonces Felipe le explicó todo lo que sabía acerca de Jesús, que había muerto en la cruz para que todo el que confiara en Él pudiera ser perdonado. El hombre quería ser bautizado de inmediato, entonces Felipe lo bautizó.

Saulo viaja a Damasco

Hechos 9:1-4

Saulo fue con algunos amigos a Damasco para arrestar más cristianos. Quería verlos a todos en prisión. Pero cuando estaba de camino, algo sucedió que cambió su vida para siempre. Saulo vio una luz brillante del cielo que lo dejó ciego, y oyó la voz de Jesús. "Saulo ¿por qué me haces daño? ¿Por qué haces daño a mis amigos?".

La misión de Saulo

Hechos 9:6-19

Los amigos de Saulo también oyeron la voz de Jesús. Ahora tenían que llevar a Saulo hasta Damasco porque él no podía ver. Saulo pasó los tres días siguientes orando. Dios le dijo que un hombre llamado Ananías vendría a sanarlo de su ceguera. Dios dijo a Ananías: "Saulo ayudará a muchas personas de todo el mundo a comprender quién es Jesús". Entonces Saulo fue sanado y bautizado como cristiano.

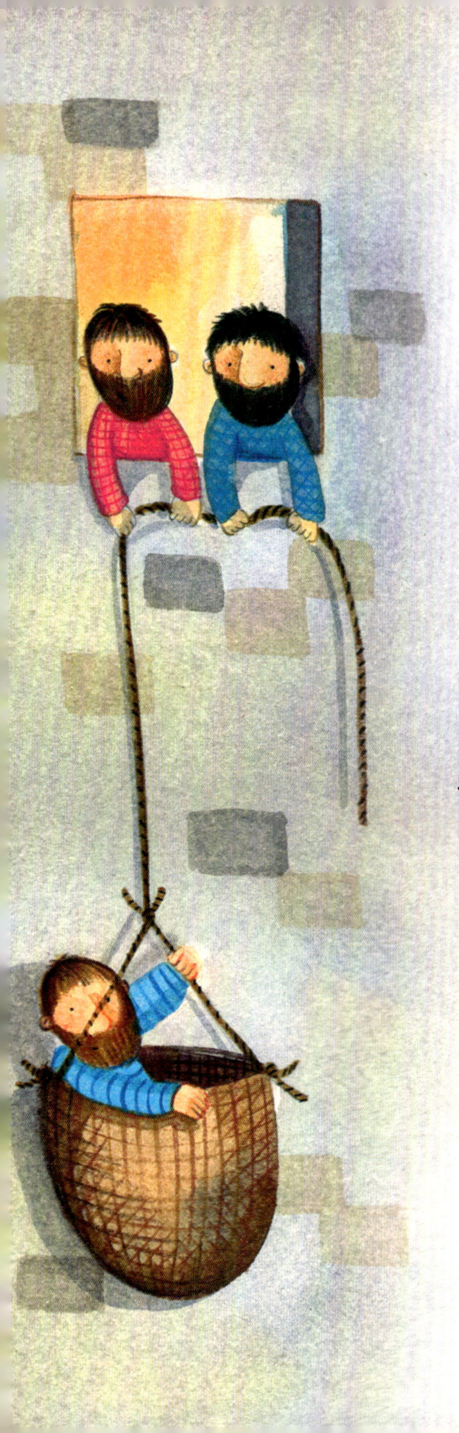

Saulo se convierte en Pablo

Hechos 9:20-25

Ahora se conocía a Saulo como Pablo. Estaba ansioso por contar a todo el mundo acerca de Jesús. Nadie podía creer que había cambiado. Pero esto también significaba que tendría nuevos enemigos. ¡Aquellos que lo habían alentado a buscar y encarcelar cristianos, ahora lo perseguían a él! Sus nuevos amigos tuvieron que ayudarle a escapar secretamente por una ventana entre los muros de la ciudad.

Cornelio encuentra un ángel

Hechos 10:1-7

Cornelio era un soldado del ejército romano. Pero amaba a Dios, oraba todos los días, y daba con generosidad a los pobres. Un día se sorprendió al ver a un ángel que le mandó buscar a Pedro. Pedro estaba hospedado en Jope, una ciudad junto al mar. Pedro le ayudaría a entender lo que él quería saber. Así que Cornelio envió hombres a Jope para encontrarlo.

La extraña visión de Pedro

Hechos 10:9-48

Cuando Pedro oyó que golpeaban a la puerta, también acababa de recibir una sorprendente visión. Había visto una sábana llena de animales y le fue dicho que comiera de ellos. Pedro le dijo a Dios: "Pero tu pueblo no puede comer estos animales". Dios respondió: "Ya no es así". Cuando Pedro se encontró con Cornelio, entendió que ahora todo el mundo era bienvenido en el reino de Dios. Y bautizó al soldado y a su familia.

Pedro en cadenas

Hechos 12:1-6

El nuevo rey de Judea mandó matar a Santiago, uno de los primeros discípulos. Después, Pedro fue encarcelado y encadenado a la espera de su propia muerte, con un guardia a cada lado y soldados que vigilaban la puerta. Todos estaban asustados. Los amigos de Pedro se reunieron a orar por su protección.

Un milagro en la prisión

Hechos 12:7-17

Dios contestó sus oraciones. Envió a un ángel a la cárcel de Pedro, ¡y allí mismo las cadenas cayeron de sus muñecas y las puertas se abrieron solas! Pedro siguió al ángel, dejó atrás a los guardias y salió a la libertad. Luego fue a casa de sus amigos para contarles el milagro que había visto. ¡Apenas podían creerle!

Pablo en problemas

Hechos 14:8-19

Pablo viajaba de un lugar a otro. A veces era bienvenido. En Listra, él y Bernabé sanaron a un hombre que no podía caminar, pero cuando la gente lo vio, trataron de adorarlos. Pablo les dijo: "No, nosotros no somos dioses. Nosotros adoramos al único Dios verdadero que hizo el cielo y la tierra, y que nos da poder para sanar". Pero la multitud no quiso escucharlos. Luego se enfurecieron y apedrearon a Pablo, dejándolo muy malherido.

Terremotos y milagros

Hechos 16:22-34

En Filipos, Pablo y su amigo Silas fueron azotados y encarcelados, con sus pies en un cepo. Cerca da la medianoche, mientras cantaban himnos y oraban, hubo un terremoto y sus cadenas se rompieron. El carcelero apuntó su espada para matarse, pensando que los prisioneros escaparían. Pablo lo detuvo. El carcelero le preguntó: "Pero ¿cómo podré ser salvo?". Pablo contestó: "¡Confía en Jesús y bautízate!". Entonces ese día el carcelero y toda su familia se volvieron cristianos.

Los viajes de Pablo

Hechos 13—20

Cuando Pablo y Silas fueron liberados de la prisión, siguieron adelante con el trabajo de comunicar a todos y en todas partes las noticias de que Jesús había muerto para que ellos pudieran ser perdonados. A medida que las personas oían y se bautizaban, se fundaban nuevas iglesias cristianas en muchos lugares diferentes.

Los sufrimientos de Pablo

Hechos 23:1—27:41

Pablo había sido atacado, golpeado y encarcelado muchas veces. A él no le importaba, siempre y cuando la gente oyera acerca de Jesús. Pero después de años en la prisión pidió que lo juzgara el emperador, porque era ciudadano romano. Lucas viajó con él en el barco que lo llevaría a Roma, y quedaron atrapados en una violenta tormenta. Naufragaron junto con todos los demás prisioneros.

Por fin a salvo

Hechos 27:42—28:10

Pablo sabía que Dios no lo dejaría morir. Todos los 276 pasajeros del barco llegaron a la orilla agarrados a los pedazos del barco destrozado. Los habitantes de la isla de Malta cuidaron de ellos hasta que fue seguro tomar otro barco hacia Roma. Durante los meses que pasaron allí, Pablo sanó a los enfermos y también les habló de Jesús.

La vida en Roma

Hechos 28:11-31

Cuando Pablo llegó a Roma, se le permitió vivir bajo arresto. Las personas podían visitarlo y Pablo podía hablarles de Jesús. Pero siempre había un guardia que lo vigilaba.

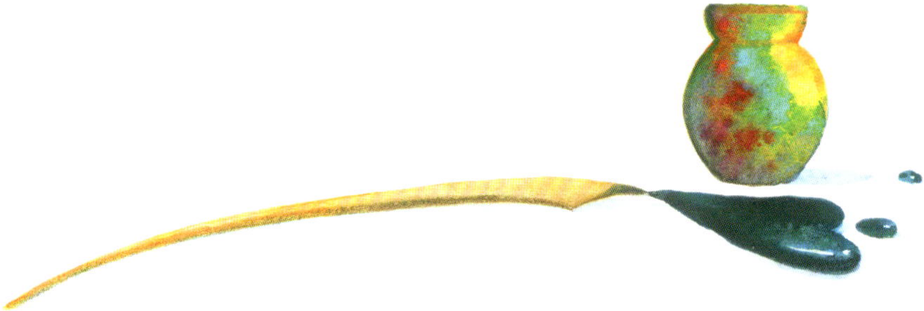

Pablo escribió cartas a los cristianos en todos los lugares que había visitado. En ellas los animaba a seguir a Jesús, y les ayudaba a resolver los problemas que tenían como nuevos creyentes. "Lo más importante que pueden hacer —escribió Pablo— es amar a los demás. No murmuren ni digan mentiras. No sean orgullosos ni groseros. No sean codiciosos, ni recuerden a los demás las cosas malas que han hecho. Piensen en los demás antes que en ustedes mismos. Cuídenlos. Esa es la mejor forma de demostrarles que ustedes aman a Dios".